가장 쉬운 탑클래스
치매예방 첫걸음 ②

가장 쉬운 탑클래스 치매예방 첫걸음 2

초판 인쇄 | 2022년 9월 6일
초판 발행 | 2022년 9월 16일

지은이 | 탑클래스 두뇌발전소
발행인 | 김태웅
기 획 | 김귀찬
편 집 | 유난영
표지 디자인 | 남은혜
본문 디자인 | HADA DESIGN 장선숙
마케팅 | 나재승
제 작 | 현대순

발행처 | (주)동양북스
등 록 | 제 2014-000055호
주 소 | 서울시 마포구 동교로22길 14 (04030)
구입 문의 | 전화 (02)337-1737 팩스 (02)334-6624
내용 문의 | 전화 (02)337-1763 이메일 dybooks2@gmail.com

ISBN 979-11-5768-827-2 13690

저자 탑클래스 두뇌발전소

탑클래스 두뇌발전소는 심신의학을 바탕으로 현대인들의 각종 두뇌 질환 및 건강한 두뇌 개발에 도움이 되고자 유튜브 채널 '탑클래스 두뇌발전소'를 운영하고 있다. 기억력, 집중력, 관찰력, 판단력, 언어능력 등 다양한 분야의 두뇌 훈련을 위한 두뇌게임을 비롯하여, 명상을 통한 두뇌 휴식법, 알면 도움 되는 유익한 건강 정보 등 약 1000개의 영상을 업로드하며 활동 중이다. 고령화 시대에 세계적으로 사회적 문제가 되고 있는 치매를 예방하기 위해, 두뇌 훈련 후 두뇌 휴식을 병행하는 프로그램을 고안하여, 따라 하면 누구나 스스로 치매를 예방할 수 있도록 하고 있다. 6만 명을 바라보는 구독자와 누적 조회 2100만 뷰를 넘기며, 더 많은 이들에게 바른 두뇌 건강법을 전달하기 위해 열정으로 노력하는 중이다. 즐거운 마음의 강력한 치유력을 믿는 탑클래스 두뇌발전소는 앞으로도 많은 이들이 즐거운 마음으로 치매 없는 삶을 영위할 수 있도록 최선을 다할 것이다.

참고자료

이송미, 『미라클』(비타북스, 2020)
권준우, 『두뇌성형』(푸른향기, 2020, 배상우 감수)
유튜브 한국불교 대표방송 BTN, 지혜의 다락방,
2019년 10월 9일 게시, 2021년 11월 2일 접속,
https://url.kr/q18yps

가장 쉬운 탑클래스
치매예방 첫걸음

탑클래스 두뇌발전소 지음

2

동양북스

〈 농선 대원 선사(弄禪 大圓 禪師) 〉

현대 사회에서 치매 환자 수가 늘어남에 따라, 환자 자신뿐 아니라 가족들까지 어려움을 겪고 있습니다. 사람의 평균수명이 길어지면서 노년을 뜻깊고 건강하게 보내는 것에 대한 준비가 어느 때보다 필요한 시대가 되었습니다.

명상을 통해 마음을 다스리면 심신의 고통이나 괴로움으로 인해 일어나는 온갖 질병을 예방하고 치유할 수 있습니다. 이것은 여러 첨단 과학 분야가 동원된 심신의학 분야에서도 임상적인 치료를 통하여 성공적으로 입증되고 있습니다. 치매 또한 마찬가지입니다. 근원이 되는 마음을 잘 다스리면 나와 내 가족 모두가 행복한 삶을 살 수 있습니다.

이 책은 재밌는 두뇌 게임을 통해 집중력을 기르고, 잡념을 쉽게 하며, 게임 후에 명상을 함으로써 심신의 휴식과 치유 효과를 극대화합니다. 이는 치매나 두뇌 질환에 국한된 것이 아닌 우울증, 불면증 등으로 고통받는 현대인들에게도 심리적 치유에 큰 도움이 될 것입니다.

이 책이 많은 이들에게 심신의 고통과 부자유에서 벗어나 행복을 영위하는 삶의 첫걸음이 되길 바랍니다.

● JM Moon

탑클래스 초창기부터 꾸준히 해 온 구독자입니다.
우선 한결같이 다양한 게임을 할 수 있게 해주셔서 감사해요. 제가 해보고 여러 측면에서 많은 도움을 받아 주변 친구들에게도 많이 추천했습니다. 우선 아침에 탑클래스를 하면 기분이 좋더라구요. 뭔가 치매도 예방될 것 같고, 퀴즈들도 귀엽고, 실제로 기억력은 확실히 좋아진 게 느껴집니다. 그래서 앞으로도 계속 꾸준히 할 생각입니다. 오래 하시면 집중 안 되는 것도 많이 좋아진다고 제가 장담하고 싶네요. 제 경험이라...
꼭 치매 때문이 아니라도 열심히 하면 애들도 공부할 때 도움될 것 같아요. 저는 우선 도움을 많이 받았고, 앞으로도 열심히 해볼려구요. 탑클래스 파이팅입니다.

● Topo

책 출간 축하드립니다! 다 맞추려고 집중해서 하나하나 풀다 보면 시간 가는 줄 모르겠어요! 쉴 때 한 번씩 풀면 생각도 리프레시 되고 정리도 되어서 항상 감사한 채널입니다. 매일매일 꾸준히 영상 올려주셔서 감사합니다!

● jenn Jeong

엄마가 유튜브로 보시면서 좋다고 하셔서 알게 된 지 몇 년이 되었네요. 엄마가 기억력이 나빠진 걸 많이 걱정하셨는데 치매 예방하는 게임이라고 매일 꾸준히 하셨어요. 요즘은 문제도 잘 맞히시고, 전보다 집중도 잘하시는 것 같습니다. 재밌어하시면서 매일 하시는 것이 큰 도움인 거 같아요. 책이 나온다니까 책도 사드려야겠네요. 항상 좋은 영상 볼 수 있게 해주셔서 감사합니다.
우리 아이들도 재밌다고 좋아해요. 축하드려요.

● 가인

꾸준히 게임을 해온 구독자입니다. 책으로 나온다니 축하드려요.
처음 탑클래스 게임을 할 때 그림들을 하나씩 보는 것도 시간 걸리고 힘들었는데 지금은 그걸 보고 찾는 시간이 많이 빨라졌어요.
그러다 보니 자신감도 생기고 자꾸 할수록 발전하는 거 같아 기뻐요.
새로운 게임은 좀더 시간이 걸렸는데 이젠 그것도 많이 수월해졌어요.
그림도 예쁘고 음악도 좋아요. 기분이 좋아집니다.
책에 이 글이 올라간다면 말하고 싶어요.
정말 효과 좋으니까 믿고 많이많이 해보세요. 제가 효과 봤어요.
항상 고맙습니다. 탑클래스 응원해요.

〈 구철회 (캘리포니아 주립대학 의대 교수) 〉

유튜브 '탑클래스 두뇌발전소'의 구독자로서, 평소에 즐겨 하던 두뇌게임이 책으로 출간된다는 소식은 반갑고, 감사하다. 초고령 사회로 접어들면서, 급속도로 늘어가는 치매는 모두가 대비해야 하는 질병이 되었다. 효과적인 진단이나 치료제가 개발되지 않은 치매의 경우, 예방의 중요성은 특히 강조된다.

이러한 점에서 이 책은 치매 예방에 꼭 필요한 세 마리 토끼를 한 번에 잡았다고 할 수 있다. 재밌는 두뇌게임으로 다양한 영역의 두뇌를 균형 있게 발전시키는 데 도움을 주고, 게임 후 간단한 명상으로 두뇌를 휴식하며, 치매에 관한 정보를 통해 이해를 높인다는 점은 이 책이 치매 예방에 훌륭한 지침서가 됨을 말해준다. 특히 고혈압, 당뇨, 고지혈증, 비만 등과 같은 잘못된 생활 습관으로 인한 병이 원인이 되어 젊은 치매 환자 수가 늘고 있는 요즘, 노인들만을 위한 책이 아닌 다양한 연령대가 함께 치매를 예방할 수 있도록 했다는 점은 이 책의 큰 장점이라 할 수 있다.

앞으로도 더 다양한 두뇌게임과 두뇌 휴식으로 많은 이들에게 치매 예방과 극복의 희망이 되길 바란다.

● 김현주
저녁마다 아이들과 탑클래스 게임을 하고 있어요. 서로 빨리 찾느라고 집중력도 많이 생기고 큰애는 우울증도 조금 있었는데, 지금은 많이 밝아지고 재밌게 하고 있습니다. 너무 고맙습니다. 책 출간도 축하합니다~ 아이들에게 사주면 좋아할 것 같아요. 새로운 게임 만드시느라 수고 많으세요.

● 마땅하리
다 맞혔다는 뿌듯함으로 마음속에서 몽글몽글 솟아나는 행복감에 자랑질 하고파 댓글을 마구마구 남기고 싶은 충동이 생겨나요. 문제를 풀 때마다 감사함이 생기면서 너무나 기쁘네요. 집중력, 인지력이 좋아지고 치매가 타파되는 느낌입니다. 책이 출간된다니 마구마구 축하드립니다. 사랑을 느끼는 기분으로 감사합니당.

● 혜영
게임 너무 재밌게 하고 있어요! 남편이랑 같이 하는데 제가 좀더 잘 찾는 거 같네요ㅎㅎㅎ 치매예방 미리부터 해야 한다고 시작했는데 확실히 처음보다 빨리 찾을 수 있는 거 같아요. 뿌듯하고 뭔가 자신감도 생기니까 더 재밌네요!!!^^ 고마워요 탑클래스~~~~~

● 브랜드
출퇴근 시간이나 기다리는 시간이 있으면 재밌게 하고 있습니다. 어렸을 때부터 좋아하던 게임이라 찾아보다가 영상도 세련되고 게임도 다양해서 시작하게 되었어요. 재밌게 하다 보니 잡념도 없어지고 집중력이 좋아지는 것 같아서 부모님께도 추천드렸습니다. 책으로 출간된다니 축하드려요! 부모님께도 사드려야겠네요.

● 성사 다
게임이 다양하고 재밌어서 매일 하는 게 제 낙입니다. 처음보다 찾는 속도도 많이 빨라지고 자신감도 많이 생겼습니다. 집중을 잘한다고 해야 하나. 그래서 이제는 친구들과 함께 탑클래스 게임을 봅니다. 책 나오면 꼭 사겠습니다. 탑클래스 항상 고맙습니다.

● 프라이드
불면증에 도움 됩니다. 저는 자기 전에 매일 한 영상씩 봅니다. 다른 거 볼 때보다 잡생각이 줄어든다고 할까? 무튼 잠이 더 잘 오는 건 확실합니다. 항상 조용히 영상만 시청했는데, 고마운 마음에 댓글 남깁니다. 잠자기 힘든 분들께 추천합니다.

살아온 세월을 돌이켜 남은 것은 기억뿐인 인생에서, 그 기억이 하나둘씩 사라져간다면…

내가 누구인지, 무엇을 하며 살아왔는지, 그리고 내가 사랑했던 사람들에 대한 기억이 흔적 없이 지워져 가는 고통과 두려움은 누구나 피하고 싶을 것입니다. 사람의 평균수명이 길어지고, 고령화가 급속하게 진행되면서 국내 치매 인구수가 100만 명을 바라보는 시대가 되었습니다. 65세 이상 노인 10명 중 1명, 80세 이상 노인 4명 중 1명이 치매에 걸린다는 통계에서 알 수 있듯, 치매는 더 이상 다른 사람이 아닌 나와 내 가족의 일이 될 수도 있다는 점에서 모두의 관심과 대책이 필요합니다.

요즘 주변을 돌아보면, 단순 건망증에도 '혹시 내가 치매는 아닐까?' 염려하는 사람들이 많습니다. 자연스러운 노화의 현상인 기억력 감퇴일 수 있음에도 미리 걱정하고 두려워하는 이유는, 치매가 아직 발병 원인조차 밝혀지지 않은 치료제 없는 병이기 때문입니다. 이는 치매 예방의 중요성이 강조되는 이유이기도 합니다. 그렇다면 치매를 언제부터 예방하는 것이 좋을까요? 치매 예방은 시작이 빠를수록 좋습니다. 흔히들 치매를 노인성 질환이라고 하나, 대부분의 치매는 짧게는 몇 년에서 수십 년 전부터 경도 인지장애 등으로 진행되어오다 치매로 발전하는 경우가 많습니다. 또한 노년기 이전에 발생하는 초로기 치매 환자 수 역시 해마다 증가하는 실정임을 감안할 때, 당뇨, 고지혈증, 비만이 늘고 있는 20~30대도 치매에 관심을 가지고 이를 예방하는 것이 필요합니다.

치매를 예방하고 건강하게 두뇌를 발전시키기 위해서는 꾸준한 훈련을 통해 두뇌 세포를 활성화하고, 바른 휴식법으로 두뇌 능력을 강화하는 것이 중요합니다. 그리고 이러한 훈련에 앞서 무엇보다 중요한 것은 하루하루 건강하게 변화하는 두뇌를 생각하며 즐거운 마음으로 훈련과 휴식을 지속하는 것입니다. 이러한 즐거운 마음은, 언제 나에게 올지 모를 치매에 대비하기 위해 노력한다는 마음가짐보다 훨씬 강력한 치유 효과를 발휘합니다.

이 책은 치매 예방의 핵심이 되는 두 가지, **두뇌 훈련**(게임)과 **두뇌 휴식**(명상)을 중점으로 프로그램을 구성하여 두뇌개발 효과가 극대화될 수 있도록 하였습니다.

첫 번째, 재밌는 두뇌 게임으로 이루어진 두뇌 훈련은, 반복과 집중을 통해 뇌에 건강한 자극을 줌으로써 신경세포의 기능을 향상하고, 세포 간 연결망인 시냅스를 활성화합니다. 기억력, 집중력, 관찰력, 판단력, 언어 능력 등의 인지능력이 재밌는 게임을 하는 동안 체계적으로 발달할 수 있도록 6종류의 두뇌 훈련으로 구성하였습니다. 게임마다 추가 활동이 포함되어, 하나의 게임을 통해 다방면의 인지능력을 고루 발달시킬 수 있고, 심화된 문제를 통해 다양한 난이도의 훈련을 할 수 있습니다. 또한, 아름다운 색상의 예쁜 그림들로 이루어진 게임을 꾸준히 하다 보면 마음이 밝아지고, 힐링 되어 두뇌 건강에 많은 도움이 됩니다.

두 번째, 두뇌 훈련 후 두뇌 휴식의 방법으로 명상을 하면 두뇌 훈련의 효과를 최대화할 수 있습니다. 처음 명상을 접하는 분도 천천히 순서대로 따라 하며 하루 5분이라도 꾸준히 실천하면, 두뇌 휴식의 효과를 볼 수 있습니다. 책에 소개된 여러 명상법 중 자신에게 맞는 명상법을 선택하여 지속하다 보면, 행복 호르몬인 세로토닌의 분비가 활성화되고, 스트레스 호르몬이 감소하여 면역력이 증진됩니다. 두뇌 훈련을 통해 개선된 인지능력 또한 두뇌 휴식을 하는 동안 강화됩니다. 출렁이는 물결이 잦아들면 고요해진 물속이 깨끗이 보이듯, 바른 휴식을 통해 잡념이 쉬어지면 두뇌의 모든 능력은 저절로 향상됩니다.

현대인들은 과도한 스트레스 속에 마음이 쉬지 못하고, 뜻과 같이 마음을 운용하지 못하는 데서 고통이 생기며, 이는 몸의 병으로 이어집니다. 하지만 많은 사람들은 근원인 마음은 돌아보지 않고, 증상으로 드러난 몸의 병만 고치려 하여 온전한 치유가 힘들어지고, 이는 다시 다른 발병으로 악순환이 됩니다. 이것은 치매 환자를 대상으로 한 연구를 통해서도 알 수 있습니다. 알츠하이머 환자의 대다수가 증상이 생기기 몇 년 전 정신적인 큰 충격이나 아픔을 겪은 경험이 있는 것으로 조사되었으며, 우울증이 치매로 발전할 확률이 60~70%나 된다는 점은 이를 뒷받침합니다. 반면, 명상을 한 사람들의 뇌를 MRI로 관찰한 연구에서는, 나이와 관계없이 명상을 하기 전보다 뇌의 용적과 기억력을 관장하는 해마의 크기가 커진 것을 확인하였습니다. 이는 오랜 기간 명상을 할수록 그 양상이 뚜렷하여, 마음을 다스리는 것이 두뇌 건강을 지키는 지름길임을 알 수 있는 것입니다.

저희 탑클래스 두뇌발전소는 이러한 근본이 되는 심리적인 치유와 함께 효과적으로 두뇌 능력을 향상하는 방법들을 모색하고, 연구해 오고 있습니다. 그리하여 앞서 언급한 두뇌 게임을 통한 두뇌 훈련 후 휴식을 함으로써 효과를 극대화하는 프로그램을 고안하는 등 지속적인 연구를 거듭하며 치매 예방 및 모든 연령대의 두뇌 개발에 도움이 되고자 유튜브 채널 '탑클래스 두뇌발전소'를 운영하고 있습니다. 약 1,000개의 영상을 제작하는 동안 어려움도 있었지만, 저희 영상을 통해 치유되고 행복을 느낀다는 구독자님들의 댓글을 통해 많은 동기부여와 에너지를 받으며 작업할 수 있었습니다. 전보다 기억력과 집중력이 눈에 띄게 좋아져 자신감이 생긴다며 고맙다고 말씀해주신 분들과 우울증인데 그림이 예뻐서 문제를 풀수록 마음이 밝아진다고 하셨던 분들, 산만했던 아이가 매일 영상을 보았더니 집중력도 생기고 차분해졌다며 기뻐하신 이야기 등, 5만 명이 넘는 감사한 구독자님들의 사랑과 성원이 있었기에 이렇게 책을 출간할 수 있었습니다. 앞으로 이 책이 더 많은 분들께 치매 없이 건강한 삶, 심신의 행복이 충만한 삶의 초석이 되길 바랍니다.

이 책을 펴내는 데 진심을 담아 응원해주신 '탑클래스 두뇌발전소' 구독자님들께 다시 한번 감사드리며, 이러한 기회를 제안해주신 동양북스 김귀찬 부장님께도 감사드립니다. 이 책에 대한 확신과 열정적인 신념으로 진행하신 부장님이 계셨기에 집필의 마음을 낼 수 있었습니다. 세심하고 전문적인 안목으로 도움 주신 유난영 편집장님과 세련된 감각으로 힐링 될 수 있도록 애써주신 장선숙 디자이너님께 감사드립니다. 마지막으로 언제나 함께 노력하는 '탑클래스 두뇌발전소' 식구들에게 감사를 표합니다.

– 탑클래스 두뇌발전소

재밌는 두뇌게임으로 두뇌훈련

- 이 책은 치매를 비롯한 두뇌질환의 예방과 치유 효과를 높이기 위한 6가지 종류의 두뇌훈련게임으로 구성되어 있습니다.

- 즐겁게 게임을 하며 집중력, 기억력, 관찰력, 창의력 등 인지능력이 자연스럽게 향상될 수 있도록 하였습니다.

- 재밌는 게임을 다양한 난이도로 구성하여 연령과 상관없이 가족이나 친구들과 함께 즐길 수 있습니다.

- 아름다운 색상의 예쁜 그림으로 게임을 제작하여 문제를 푸는 동안 마음이 밝아지고 힐링 될 수 있도록 하였습니다.

- 게임을 통해 반복과 집중을 함으로써 인지능력과 뇌 신경세포의 성능이 향상되어 치매 및 두뇌질환 예방에 도움이 됩니다.

알차게 즐기는 게임 추가활동

- 게임별로 추가활동이 있어 하나의 게임에서도 다채로운 활동을 하며 더욱 재밌고 알차게 즐길 수 있습니다.

- 언어능력, 지각력, 수리능력 등 새로운 두뇌영역에 자극을 주어 다방면의 인지능력을 고루 발달시킬 수 있도록 하였습니다.

- 심화된 문제를 통해 다양한 난이도의 훈련을 할 수 있습니다.

- 문제마다 문제를 푸는 데 걸린 시간을 기록할 수 있어, 집중력과 성취감을 높이고 자신의 실력을 체계적으로 발전시킬 수 있습니다.

효과 두 배 힐링명상으로 두뇌휴식

- 두뇌훈련(게임)을 한 후에 두뇌휴식(명상)을 함으로써, 두뇌기능의 회복 과 인지능력 향상 효과가 더욱 극대화될 수 있도록 구성하였습니다.

- 명상은 인지기능과 감정조절 기능, 면역기능 등을 증강시켜 치매 및 두뇌질환 예방과 치유에 많은 도움이 됩니다.

- 올바른 두뇌휴식을 위해 명상가이드를 제작하여 처음 명상을 접하는 이도 쉽게 따라할 수 있도록 하였습니다.

- 각 권마다 다양한 명상법을 소개하여 체험 후 자신에게 맞는 명상법 을 선택해 지속할 수 있도록 하였습니다.

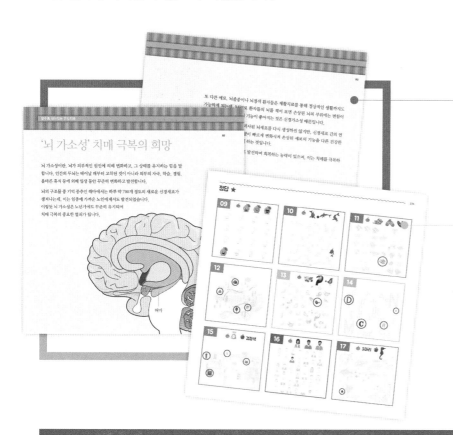

알수록 재밌는 건강지혜

- 치매는 알수록 예방하기 쉬워집니다. 다양한 치매 상식과 과 학적으로 입증된 신기한 두뇌 이야기들로 건강에 대한 지혜 를 얻을 수 있습니다.

한눈에 쏙 들어오는 정답

- 문제마다 우측 상단에 정답 페이지가 기재되어 있으며, 해당 페이지에서 정답을 바로 확인할 수 있습니다.

- 정답을 명확하고 통일성 있게 표시하여, 자신의 답과 비교 점검이 용이합니다.

- 추가활동 정답은 본활동 정답 상단에 표시하였습니다.

영상으로 즐기는 유튜브 채널 〈탑클래스 두뇌발전소〉

- 게임과 명상이 시작되는 첫 페이지의 QR코드와 검색어를 통해 〈탑클래스 두뇌발전소〉 유튜브 채널에서 동영상으로도 다양한 두뇌훈련과 두뇌휴식을 할 수 있습니다.

1강
숨은 그림 찾기

▶ 탑클래스 숨은그림찾기 모음 🔍

시공간능력과 집중력 향상에 도움이 되는 숨은 그림 찾기 게임입니다. 제시한 그림을 큰 그림 속에서 찾아내면 됩니다. 제시된 그림을 찾아 색칠하기, 그림 완성하기, 부분 찾기 등의 부가 활동을 통해 색 구별 능력과 문제해결 능력을 향상할 수 있습니다.

각자 다른 운동을 하는 아보카도가 여럿 있어요.
아래와 같은 운동을 하는 아보카도는 어디에 있나요?

아래와 같은 아보카도를 찾아 그림을 완성해 봐요!

모양이 다른 체크 표가 여러 개 있어요.
아래와 같은 체크 표는 어디에 있나요?

아래와 같은 체크 표를 찾아 색이 빠진 부분을 칠해 봐요!

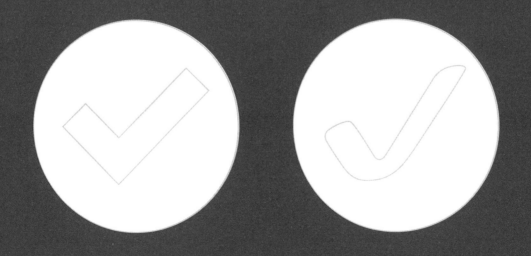

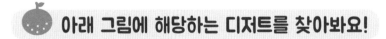
아래 그림에 해당하는 디저트를 찾아봐요!

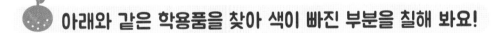

아래와 같은 학용품을 찾아 색이 빠진 부분을 칠해 봐요!

 아래 그림은 식물 화분의 일부입니다. 해당하는 식물 화분을 찾아봐요!

 사람이 모두 몇 명인가요?

 3층 매장에 있는 냉장고는 몇 대인가요?

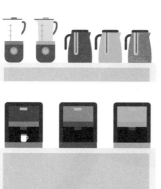

CASH

SALE SALE SALE

아래와 같은 운동 캐릭터를 찾아 그림을 완성해 봐요!

도로에 자동차가 많이 있어요.

아래와 같은 자동차는 어디에 있나요?

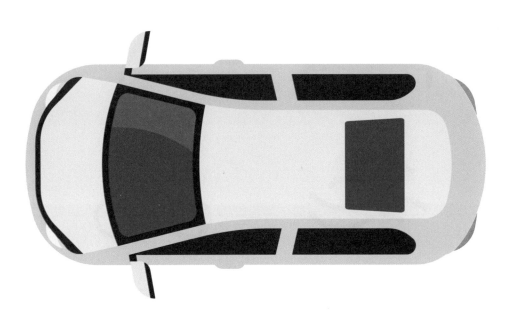

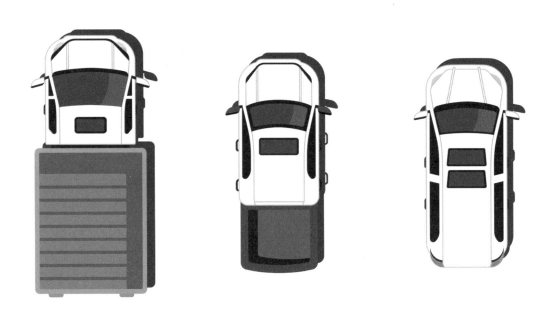

아래와 같은 자동차를 찾아 색이 빠진 부분을 칠해 봐요!

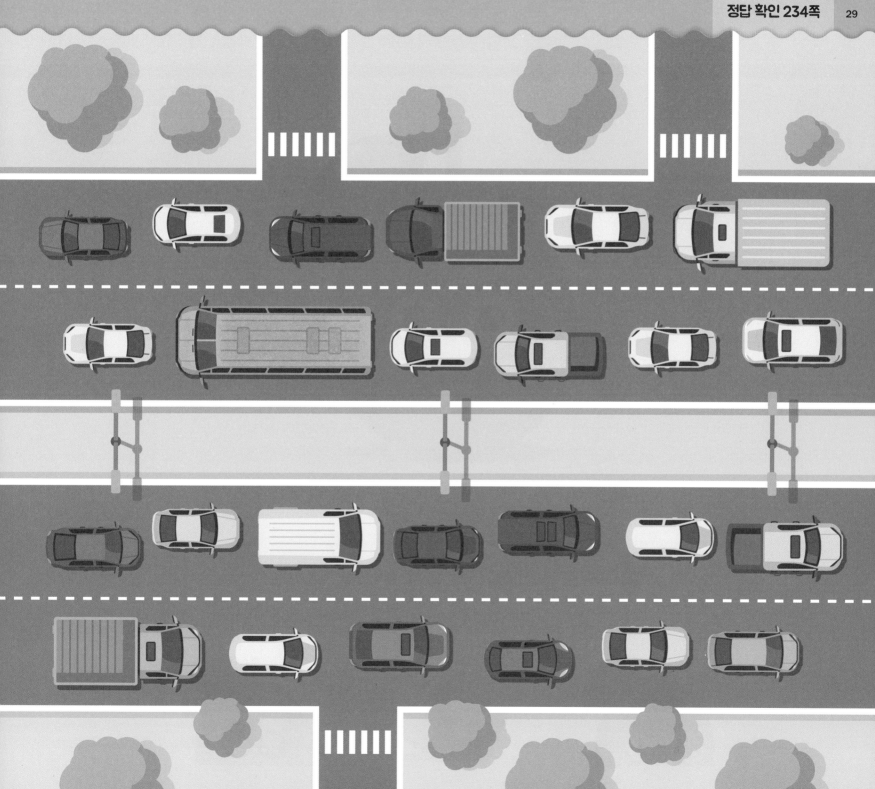

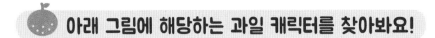
아래 그림에 해당하는 과일 캐릭터를 찾아봐요!

아래 그림에 해당하는 돌고래를 찾아봐요!

모양이 다른 슬리퍼가 여러 켤레 있어요.
아래와 같은 슬리퍼는 어디에 있나요?

아래와 같은 슬리퍼를 찾아 색이 빠진 부분을 칠해 봐요!

알록달록 다양한 새들이 모여 있어요.

아래와 같은 모습의 새는 어디에 있나요?

아래와 같은 새를 찾아 색이 빠진 부분을 칠해 봐요!

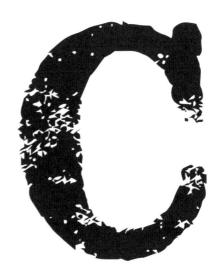

답을 찾는 데 걸린 시간 ___초/분

정답 확인 235쪽

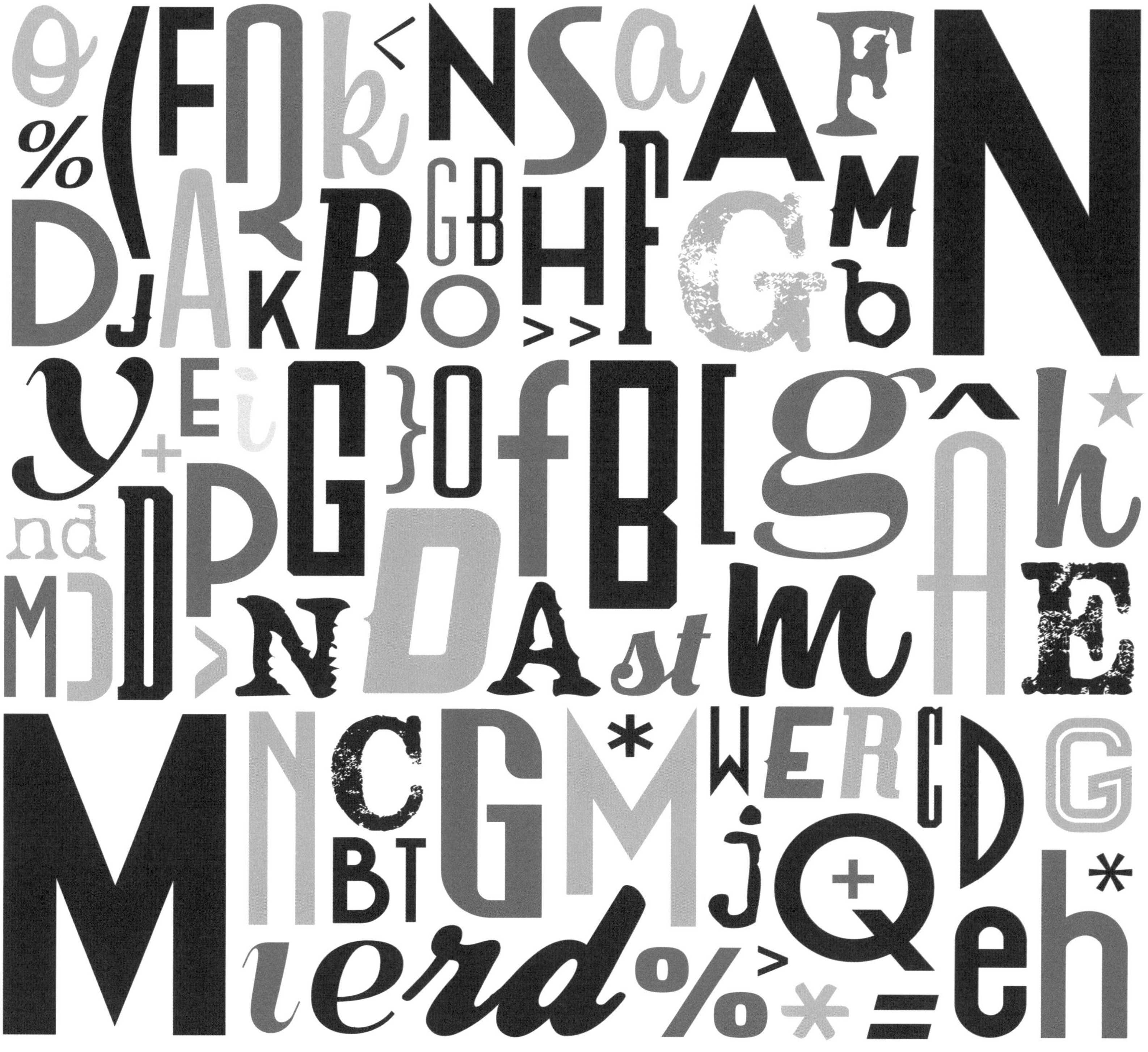

 위 그림 가운데 계란을 판매하는 상점에 있는 물건은 무엇인가요?

🍎 바나나를 판매하는 상점 주인의 머리색은 무슨 색인가요?

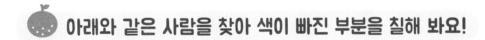
아래와 같은 사람을 찾아 색이 빠진 부분을 칠해 봐요!

 불가사리는 모두 몇 마리인가요?

 파란색 해마를 찾아보세요!

재밌고 다양한 모습의 캐릭터들이 있어요.
아래와 같은 캐릭터는 어디에 있나요?

 아래와 같은 캐릭터를 찾아 그림을 완성해 봐요!

아래와 같은 상품을 찾아 색이 빠진 부분을 칠해 봐요!

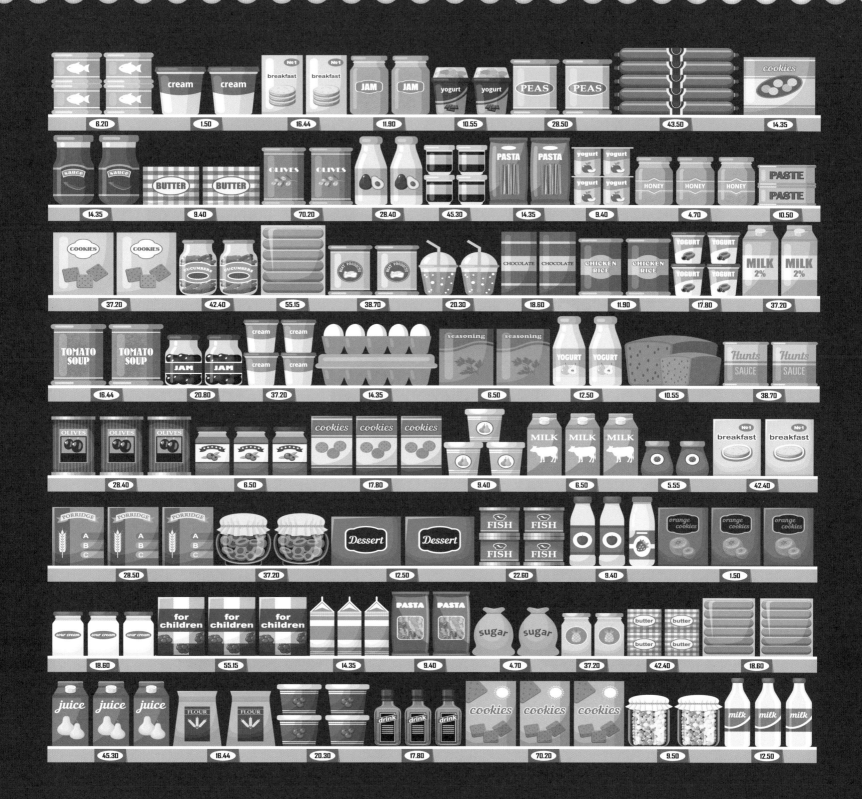

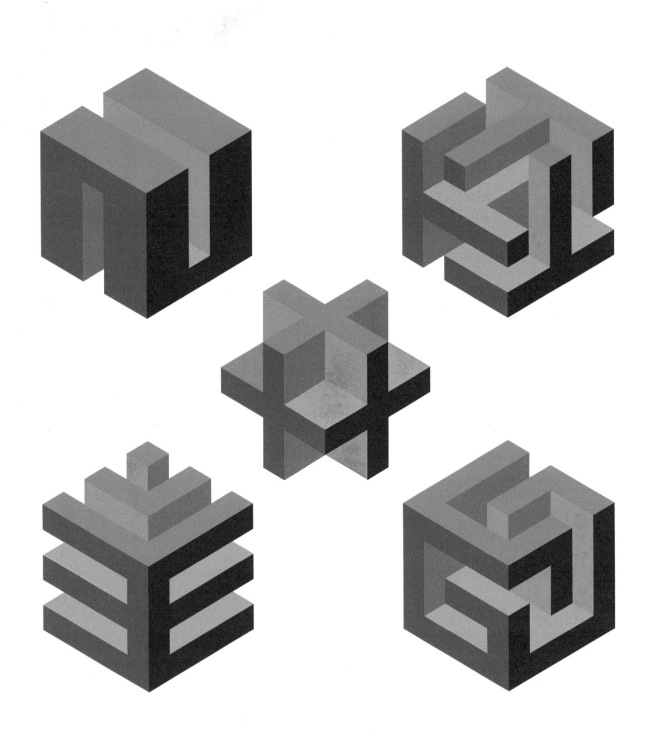

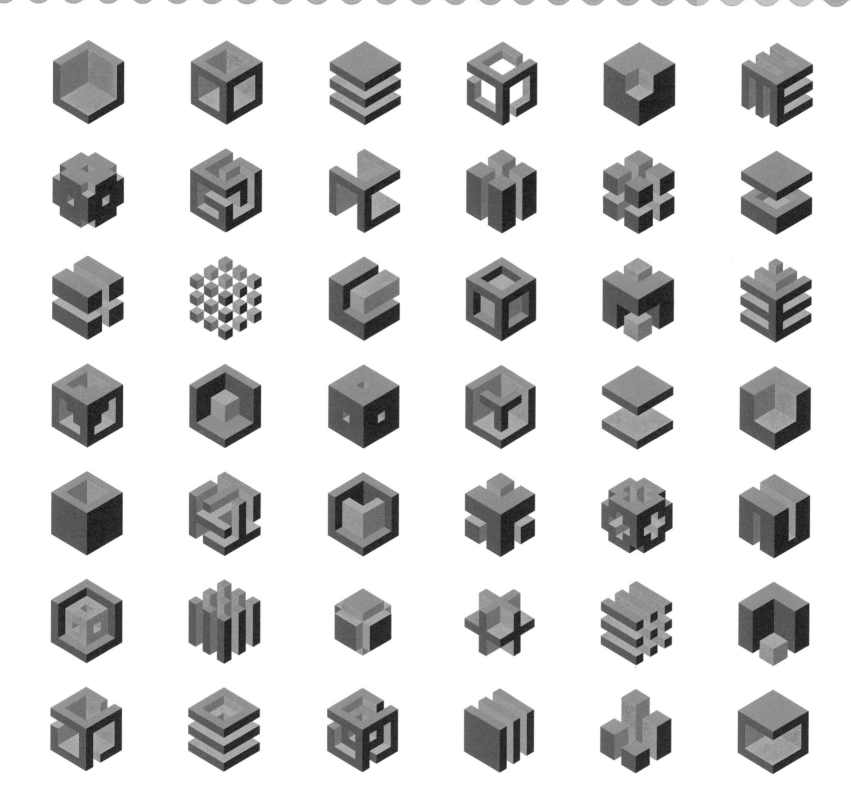

명언 명상

명언 명상은 자연의 소리와 함께 명언을 들으며 두뇌를 휴식하는 명상입니다. 방안의 불을 켜면 어둠은 일시에 사라지듯, 명언을 세 번 반복해서 듣는 동안 마음은 밝아지고, 편안해집니다. 뇌파 역시 알파파, 세타파로 변하여 통찰력, 기억력 등 모든 두뇌의 능력이 향상됩니다.

명상하기

1

편안한 자세로 척추를 펴고 앉습니다. 허리와 어깨의 긴장을 풀어 봅니다. 앉는 자세가 힘드신 분은 눕거나 기대셔도 좋습니다. 누워서 하시는 분은 잠들지 않도록 유의합니다.

2

고개를 앞, 뒤, 좌우로 천천히 돌려 목의 긴장을 풉니다. 눈을 살며시 감고, 눈썹과 눈썹 사이 미간의 긴장을 풀어봅니다.

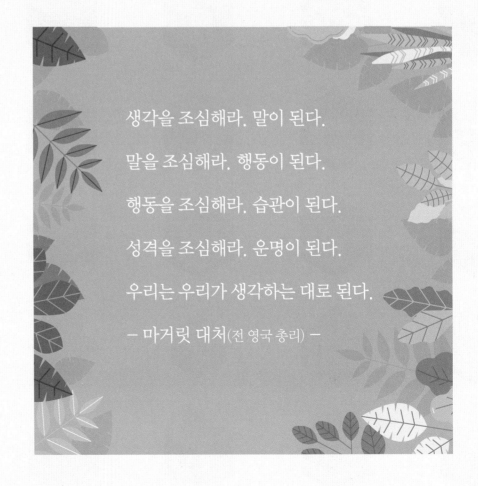

생각을 조심해라. 말이 된다.

말을 조심해라. 행동이 된다.

행동을 조심해라. 습관이 된다.

성격을 조심해라. 운명이 된다.

우리는 우리가 생각하는 대로 된다.

— 마거릿 대처(전 영국 총리) —

3

온몸을 편안하게 이완하는 심호흡을 해봅니다. 코로 숨을 깊이 들이쉬고, 입으로 숨을 천천히 내쉽니다. 코로 숨을 들이쉴 때는 아랫배가 나오고, 입으로 숨을 내쉴 때는 아랫배가 들어갑니다. 3회 반복합니다. 심호흡 후엔 자연스럽게 호흡합니다.

4

자연의 소리와 함께 명언을 들으며 휴식해 봅니다. 명언을 들을 때 잡념으로 인해 집중되지 않더라도 상관하지 않습니다. 알아차리는 순간, 다시 명언을 듣는 데 집중할 뿐 따로 생각을 없애려 하지 않습니다.

5

명언을 기억하려 노력하지 않아도 됩니다. 3회 반복을 통해 지혜는 밝아지고, 자연히 두뇌가 휴식 됩니다.

6

처음엔 하루 1개의 명언 영상도 좋습니다. 내가 부담 없이 편안히 할 수 있는 시간부터 조금씩 늘려갑니다. 한 번에 긴 시간을 불규칙적으로 하기보다는 매일 짧은 시간이라도 규칙적으로 하는 것이 더 효과적입니다.

 탑클래스 두뇌휴식 명언명상 🔍

단순 건망증과 치매의 차이점

나이가 들수록 기억력이 떨어지며 건망증이 잘 생기게 되는데 이를 두고 치매가 온
건 아닌지 걱정하는 사람들이 많습니다. 단순 건망증과 치매로 인한 기억장애를 구
별할 수 있는 몇 가지 차이점이 있습니다.

단순 건망증

기억하는 능력은 정상인데 저장된 기억을 불러
오는 과정에서 장애가 생긴 경우가 많습니다. 할
말을 잊어버리거나 물건을 어디에 두었는지 기
억이 나지 않을 때, 옆 사람이 비슷한 단어나 기
억이 날 수 있는 힌트를 주면 시간이 지나서라도
기억이 나는 경우는 단순 건망증일 가능성이 높
습니다. 근래 일어난 일에 대해서 자세한 것은 기
억하지 못하더라도 전체적인 사실은 기억합니
다. 이 증상의 원인으로는 자연스러운 노화의 과
정, 우울증, 스트레스, 비타민B12 부족, 갑상샘
저하증 등이 있습니다.

치매

단순히 내가 둔 물건의 위치를 기억하지 못하는
것이 아니라 물건을 두었다는 사실 자체를 잊어
버리는 경우입니다. 모임이 있을 때에도 약속 시
간뿐 아니라 모임이 있었다는 사실을 기억하지
못한다면 치매로 의심되는 기억력 저하일 가능
성이 있습니다. 치매는 새로운 기억을 등록하는
구조물인 해마의 기능이 감퇴되어 '최근의 기억'
에 문제가 있다는 점이 특징입니다. 또한, 치매
는 기억장애와 다른 인지기능의 장애가 동반되
기 때문에 일상생활에도 여러 가지 지장이 생기
게 됩니다.

2강
초성 게임

탑클래스 초성게임 모음

언어능력과 기억력 향상에 도움을 주는 초성 게임입니다. 초성을 보고 단어를 맞히는 게임과 랜덤퀴즈가 있습니다. 단어를 유추하여 직접 씀으로써 언어추리력을 증진시키고, 주제에 맞는 사고력을 강화시키는 부가 활동도 있습니다.

21

초성 게임

두 가지 채소 이름의 초성이 있어요.
아래 **초성을 보고 채소 이름**을 맞혀 보세요!

답을 찾는 데
걸린 시간 ___초/분

정답 확인 236쪽   58

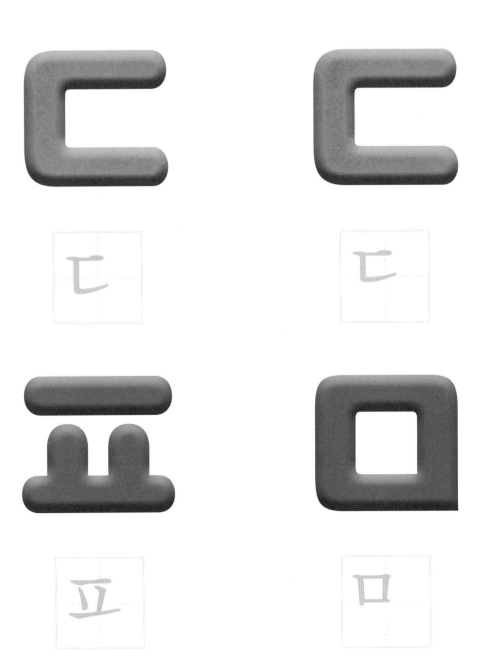

쓰기 칸에 채소 이름을 써 보세요!

22
초성 게임

두 가지 채소 이름의 초성이 있어요.
아래 **초성을 보고 채소 이름**을 맞혀 보세요!

🏆 답을 찾는 데
걸린 시간 ___초/분

정답 확인 236쪽   59

🍎 쓰기 칸에 채소 이름을 써 보세요!

23

초성 게임

앞에서 초성으로 나온 채소들을 떠올려 보세요.

나온 순서대로 나열한 것은 몇 번일까요?

🏆 답을 찾는 데
걸린 시간 ___초/분

정답 확인 236쪽　60

① 더덕 피망 애호박 도라지

② 더덕 피망 도라지 애호박

③ 더덕 도라지 피망 애호박

④ 더덕 도라지 애호박 피망

 정답에서 마지막 순서에 있는 채소의 특징 한 가지를 말해 봐요!

24

초성 게임

두 가지 과일 이름의 초성이 있어요.
아래 **초성을 보고 과일 이름**을 맞혀 보세요!

답을 찾는 데
걸린 시간 ___초/분

정답 확인 236쪽 61

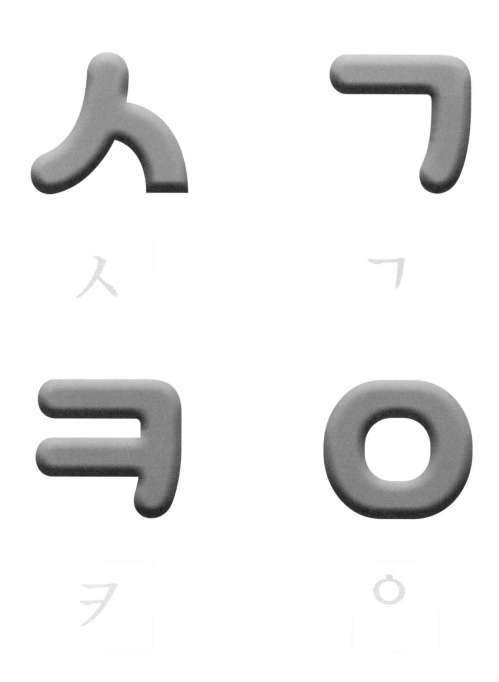

🍎 쓰기 칸에 과일 이름을 써 보세요!

25
초성 게임

두 가지 과일 이름의 초성이 있어요.
아래 **초성을 보고 과일 이름**을 맞혀 보세요!

🏆 답을 찾는 데
걸린 시간 ___초/분

정답 확인 236쪽 62

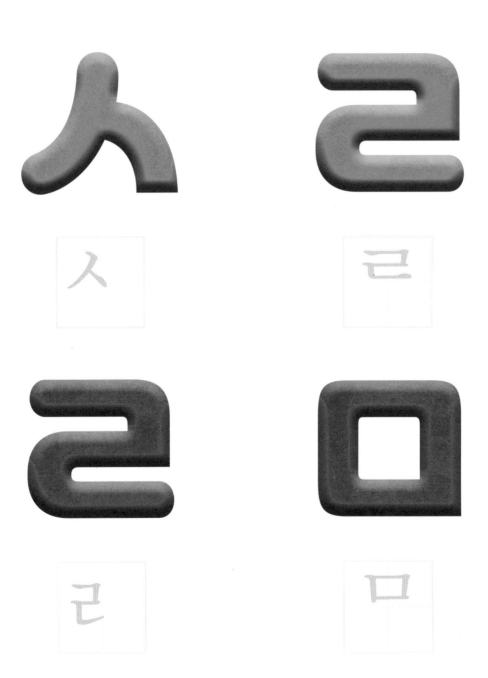

 쓰기 칸에 과일 이름을 써 보세요!

두 가지 과일 이름의 초성이 있어요.
아래 **초성을 보고 과일 이름**을 맞혀 보세요!

ㅊ ㅍ ㄷ

ㅇ ㅂ ㅋ ㄷ

 쓰기 칸에 과일 이름을 써 보세요!

27
초성 게임

앞에서 초성으로 나온 과일들을 떠올려 보세요.
네 번째로 나온 과일은 무엇일까요?

답을 찾는 데
걸린 시간 ___초/분

정답 확인 237쪽　64

레몬

키위

석류

청포도

 석류와 같이 과육이 빨간 과일 한 가지를 말해 봐요!

28
초성 게임

두 가지 동물 이름의 초성이 있어요.
아래 **초성을 보고 동물 이름**을 맞혀 보세요!

🏆 답을 찾는 데
걸린 시간 ___초/분

정답 확인 237쪽   65

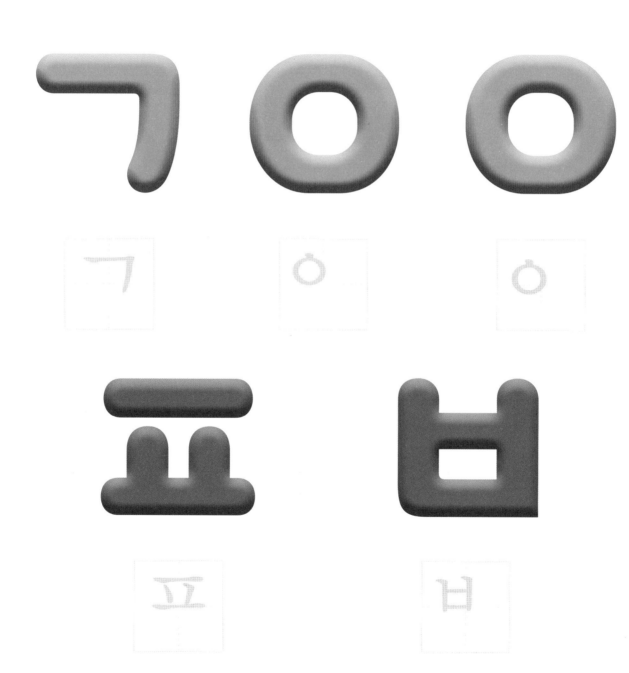

ㄱ ㅇ ㅇ

ㅍ ㅂ

🍎 **쓰기 칸에 동물 이름을 써 보세요!**

29

초성 게임

두 가지 동물 이름의 초성이 있어요.
아래 **초성을 보고 동물 이름**을 맞혀 보세요!

🏆 답을 찾는 데
걸린 시간 ___초/분

정답 확인 237쪽   66

 쓰기 칸에 동물 이름을 써 보세요!

30

초성 게임

두 가지 동물 이름의 초성이 있어요.
아래 **초성을 보고 동물 이름**을 맞혀 보세요!

🏆 답을 찾는 데
걸린 시간 ___초/분

정답 확인 237쪽

67

 쓰기 칸에 동물 이름을 써 보세요!

31
초성 게임

앞에서 초성으로 나온 동물들을 떠올려 보세요.
나온 순서대로 나열한 것은 몇 번일까요?

답을 찾는 데
걸린 시간 ___초/분

정답 확인 237쪽   68

❶	❷	❸	❹
고양이	고양이	고양이	고양이
표범	표범	표범	표범
다람쥐	얼룩말	다람쥐	얼룩말
얼룩말	다람쥐	독수리	독수리
독수리	독수리	얼룩말	다람쥐
코알라	코알라	코알라	코알라

 정답 가운데 몸에 줄무늬가 있는 특징을 가진 동물은 무엇인가요?

32

초성 게임

한 가지 속담의 초성이 있어요.
아래 **초성**을 보고 **속담**을 맞혀 보세요!

답을 찾는 데
걸린 시간 ___초/분

정답 확인 237쪽

69

끄ㄹ가 ㄱ면

ㄲ ㄹ ㄱ

ㅂㅎ다

ㅂ ㅎ

 쓰기 칸에 속담을 써 보세요!

33

초성 게임

한 가지 속담의 초성이 있어요.
아래 **초성을 보고 속담**을 맞혀 보세요!

🏆 답을 찾는 데
걸린 시간 ＿＿초/분

정답 확인 237쪽   70

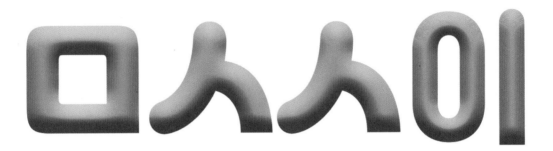

 쓰기 칸에 속담을 써 보세요!

34

초성 게임

한 가지 속담의 초성이 있어요.
아래 **초성을 보고 속담**을 맞혀 보세요!

답을 찾는 데
걸린 시간 ____초/분

정답 확인 237쪽

71

ㄷㅁ ㅅㅋㄱ

ㅆ ㅂㄴ

 쓰기 칸에 속담을 써 보세요!

35
초성 게임

앞에서 초성으로 나온 속담들을 떠올려 보세요.
앞에서 **나오지 않은 속담**은 어느 것일까요?

🏆 답을 찾는 데
걸린 시간 ___초/분

정답 확인 238쪽   72

① **무소식이 희소식이다**

② **꼬리가 길면 밟힌다**

③ **가는 말이 고와야 오는 말이 곱다**

④ **달면 삼키고 쓰면 뱉는다**

🍊 보기 가운데 '나쁜 일을 아무리 남모르게 한다고 해도 오래 두고 여러 번
계속하면 결국에는 들키고 만다는 것을 비유적으로 이르는 말'은 어느 것일까요?

36

초성 게임

한 가지 속담의 초성이 있어요.
아래 **초성을 보고 속담**을 맞혀 보세요!

답을 찾는 데
걸린 시간 ___초/분

정답 확인 238쪽   73

 쓰기 칸에 속담을 써 보세요!

37
초성 게임

한 가지 속담의 초성이 있어요.
아래 **초성을 보고 속담**을 맞혀 보세요!

답을 찾는 데
걸린 시간 ___초/분

정답 확인 238쪽 74

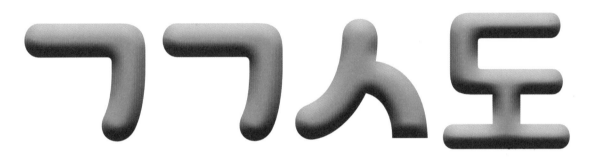

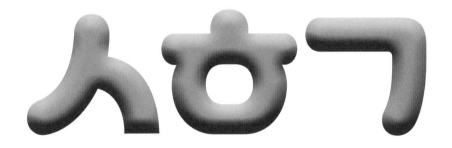

🍅 쓰기 칸에 속담을 써 보세요!

38

초성 게임

한 가지 속담의 초성이 있어요.
아래 **초성**을 보고 **속담**을 맞혀 보세요!

🏆 답을 찾는 데
걸린 시간 ___초/분

정답 확인 238쪽   75

 쓰기 칸에 속담을 써 보세요!

39

초성 게임

앞에서 나온 속담 가운데 '**등잔 밑이 어둡다**'
다음에 나온 속담은 어느 것일까요?

답을 찾는 데
걸린 시간 ___초/분

정답 확인 238쪽   76

① 내 코가 석 자

② 빛 좋은 개살구

③ 갈수록 태산이다

④ 금강산도 식후경

 정답 속담의 뜻을 말해 봐요!

40
초성 게임

한 가지 속담의 초성이 있어요.
아래 **초성을 보고 속담**을 맞혀 보세요!

🏆 답을 찾는 데
걸린 시간 ___초/분

정답 확인 238쪽   77

ㅆ 쓰기 칸에 속담을 써 보세요!

41

초성 게임

한 가지 속담의 초성이 있어요.
아래 **초성**을 보고 **속담**을 맞혀 보세요!

답을 찾는 데
걸린 시간 ___초/분

정답 확인 238쪽   78

 쓰기 칸에 속담을 써 보세요!

42

초성 게임

한 가지 속담의 초성이 있어요.
아래 **초성을 보고 속담**을 맞혀 보세요!

🏆 답을 찾는 데
걸린 시간 ___초/분

정답 확인 238쪽   79

ㄱㅈㄴ ㄱㅍ

| ㄱ | ㅈ | ㄴ | ㄱ | ㅍ |

🍎 **쓰기 칸에 속담을 써 보세요!**

43

초성 게임

앞에서 초성으로 나온 속담들을 떠올려 보세요.
앞에서 **나오지 않은 속담**은 어느 것일까요?

 답을 찾는 데
걸린 시간 ___초/분

정답 확인 239쪽   80

① 누워서 침 뱉기

② 꿩 대신 닭

③ 가재는 게 편

④ 누워서 떡 먹기

 정답의 초성을 말해 봐요!

44
초성 게임

앞에서 초성으로 나온 속담 세 개를 떠올려 보세요.
나온 순서대로 나열한 것은 몇 번일까요?

🏆 답을 찾는 데
걸린 시간 ___초/분

정답 확인 239쪽

81

1

꿩 대신 닭
가재는 게 편
누워서 떡 먹기

2

꿩 대신 닭
누워서 떡 먹기
가재는 게 편

3

누워서 떡 먹기
꿩 대신 닭
가재는 게 편

4

누워서 떡 먹기
가재는 게 편
꿩 대신 닭

 정답 가운데 '하기가 매우 쉬운 것을 비유적으로 이르는 말'은 무엇일까요?

'뇌 가소성' 치매 극복의 희망

뇌 가소성이란, 뇌가 외부적인 원인에 의해 변화하고, 그 상태를 유지하는 힘을 말합니다. 인간의 두뇌는 태어날 때부터 고착된 것이 아니라 외부의 자극, 학습, 경험, 올바른 휴식 등에 의해 일생 동안 꾸준히 변화하고 발전합니다.

뇌의 구조물 중 기억 중추인 해마에서는 하루 약 700개 정도의 새로운 신경세포가 생겨나는데, 이는 임종에 가까운 노인에게서도 발견되었습니다.
이렇듯 뇌 가소성은 노년기에도 꾸준히 유지되며
치매 극복의 중요한 열쇠가 됩니다.

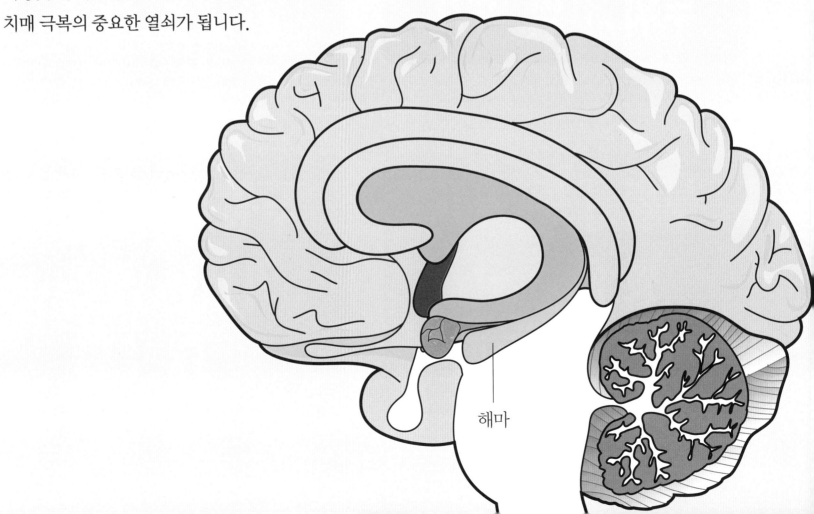

해마

또 다른 예로, 뇌졸중이나 뇌경색 환자들은 재활치료를 통해 정상적인 생활까지도 가능하게 되는데, MRI로 환자들의 뇌를 찍어 보면 손상된 뇌의 부위에는 변함이 없습니다. 그럼에도 뇌의 기능이 좋아지는 것은 신경가소성 때문입니다.

신경가소성이란 두뇌가 괴사된 뇌세포를 다시 생성하진 않지만, 신경세포 간의 연결고리인 시냅스를 끊임없이 빠르게 변화시켜 손상된 세포의 기능을 다른 건강한 세포가 대신하여 담당하게 하는 것입니다.

이렇듯 우리 뇌에는 스스로 발전하여 회복하는 능력이 있으며, 이는 치매를 극복하는 데 큰 희망이 됩니다.

반쪽 뇌의 기적 – 캐머런 모트 이야기

3살 때부터 뇌전증을 앓았던 캐머런 모트는 잦은 발작으로 쓰러져 머리를 다쳤고, 뇌전증 발작을 해결하기 위해 오른쪽 대뇌반구를 제거하는 수술을 하였습니다. 뇌의 반쪽인 오른쪽 뇌가 제거되자 왼쪽 얼굴과 팔다리에 마비가 생겨 평생 반신마비로 누워 지내야 할 것처럼 보이던 캐머런은 재활치료를 꾸준히 받은 결과, 여섯 살이 되어서는 여느 아이들과 다름없이 학교도 잘 다니고 운동도 할 수 있게 되었습니다.

캐머런이 정상적인 삶이 가능했던 이유는 뇌를 자극하는 꾸준한 재활치료로 새로운 시냅스가 빠르게 형성되어 제거된 오른쪽 뇌가 했던 역할을 왼쪽 뇌에서 수행할 수 있었기 때문입니다.

꾸준한 노력을 통해 우리의 뇌는 어떤 상황에서도 변할 수 있다는 희망을 보여 준 좋은 사례라 할 수 있습니다.

3강
다른 그림 찾기

탑클래스 다른그림찾기 모음 🔍

지각력과 집중력 향상에 도움이 되는 다른 그림 찾기 게임입니다. 많은 그림이나 글자 가운데 다른 것을 찾아내면 됩니다. 주어진 단어를 이용한 문장 만들기, 2행시 짓기, 새로운 단어 조합하기 등 다른 그림 찾기를 하면서 언어능력도 함께 향상할 수 있는 부가 활동이 있습니다.

45

다른 그림 찾기

예쁜 노란 물통이 많이 있습니다.
다른 물통 한 개를 찾아보세요!

◇ 답을 찾는 데
걸린 시간 ___초/분

정답 확인 239쪽　86

다른 물통 한 개의 어느 부분이 어떻게 다른지 말해 봐요!

달콤한 무화과가 많이 있습니다.
다른 그림 두 개를 찾아보세요!

 무화과와 같이 ㅁ으로 시작하는 과일 두 가지를 말해 봐요!

47

다른 그림 찾기

세 자리 수가 여러 개 있어요.

586이 아닌 것 하나를 찾아보세요!

💎 답을 찾는 데
걸린 시간 ___초/분

정답 확인 239쪽   88

586 586 586 586 586

586 586 586 586 586

586 568 586 586 586

586 586 586 586 586

 586과 정답 가운데 큰 수에서 작은 수를 빼면 얼마인가요?

멋진 분홍색 자동차가 있습니다.
다른 차 한 대를 찾아보세요!

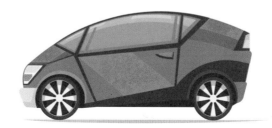

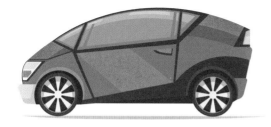

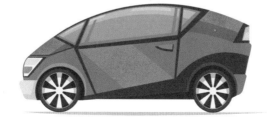
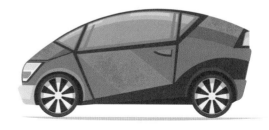
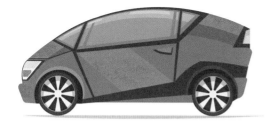

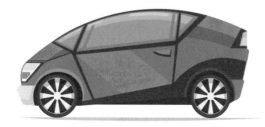
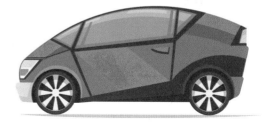

49

다른 그림 찾기

달콤한 하트모양 초콜릿이 많이 있습니다.

다른 초콜릿 두 개를 찾아보세요!

◇ 답을 찾는 데
걸린 시간 ___초/분

정답 확인 239쪽

90

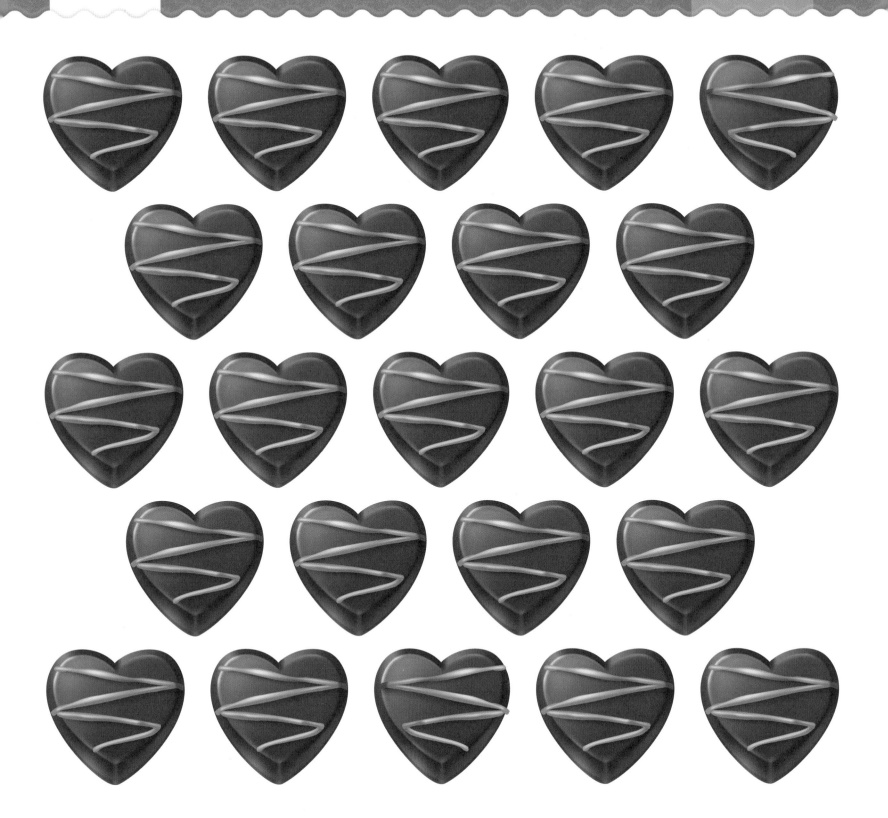

50

다른 그림 찾기

두 글자 낱말이 여러 개 있어요.

'증득'이 아닌 것 하나를 찾아보세요!

💎 답을 찾는 데
걸린 시간 ___초/분

정답 확인 239쪽

91

증득 증득 증득 증득 증득

증득 중독 증득 증득 증득

증득 증득 증득 증득 증득

증득 증득 증득 증득 증득

증득 증득 증득 증득 증득

 '증득'을 넣어 문장을 만들어 봐요! 정답으로 찾은 낱말로 2행시를 지어 봐요!

귀여운 얼룩 고양이가 있습니다.
다른 고양이 두 마리를 찾아보세요!

 고양이과 동물 두 가지를 말해 봐요!

예쁜 빨간 꽃이 많이 있습니다.
다른 그림 두 개를 찾아보세요!

 다른 빨간 꽃 두 개의 어느 부분이 어떻게 다른지 각각 말해 봐요!

53

다른 그림 찾기

세 자리 수가 여러 개 있어요.

459가 아닌 것 두 개를 찾아보세요!

◆ 답을 찾는 데
걸린 시간 ___초/분

정답 확인 240쪽   94

459   459   459   459   459

459   459   459   459   469   459

459   459   459   459   459   459

459   459   459   459   459

459   459   459   459   459   459

459   439   459   459   459

 ●색 459는 몇 개인가요?   ●색 459는 몇 개인가요?

알록달록 예쁜 음료가 많이 있습니다.

다른 음료 두 잔을 찾아보세요!

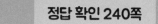

55

다른 그림찾기

골프장 카트가 많이 있습니다.
다른 그림 두 개를 찾아보세요!

◇ 답을 찾는 데
걸린 시간 ___초/분

정답 확인 240쪽   96

 다른 카트 두 개의 어느 부분이 어떻게 다른지 각각 말해 봐요!

56

다른 그림 찾기

귀여운 바나나가 썰매를 타고 있네요.
다른 그림 한 개를 찾아보세요!

답을 찾는 데
걸린 시간 ___초/분

정답 확인 240쪽   97

57

다른 그림 찾기

세 글자 낱말이 여러 개 있어요.
'비판적'이 아닌 것 하나를 찾아보세요!

💎 답을 찾는 데
걸린 시간 ___초/분

정답 확인 240쪽   98

비판적 비판적 비판적 비판적 비판적

비판적 비판적 비판적 비관적 비판적

비판적 비판적 비판적 비판적 비판적

비판적 비판적 비판적 비판적 비판적

비판적 비판적 비판적 비판적 비판적

비판적 비판적 비판적 비판적 비판적

비판적 비판적 비판적 비판적 비판적

 정답으로 찾은 것과 반대되는 의미의 낱말 한 개를 말해 봐요!

58

다른 그림 찾기

고소하고 맛있는 계란 샌드위치가 많이 있네요.

다른 그림 두 개를 찾아보세요!

◇ 답을 찾는 데
걸린 시간 ___초/분

정답 확인 240쪽　99

 다른 계란 샌드위치 두 개의 어느 부분이 어떻게 다른지 각각 말해 봐요!

59

다른 그림 찾기

알파벳 세 개로 된 영어 단어가 여러 개 있어요.
'Sky'가 아닌 것 하나를 찾아보세요!

💎 답을 찾는 데
걸린 시간 ___초/분

정답 확인 240쪽 100

Sky Sky Sky Sky Sky Sky
Sky Sky Sky Sky Sky Sky
Sky Sky Sky Sky Sky
Sky Sky Sky Sky Sky
Sky Sky Sky Sky
Sky Sky Spy Sky
Sky Sky Sky Sky Sky

 'Sky'는 '하늘'이라는 의미를 가지고 있습니다. '하늘' 하면 떠오르는 이미지를 그림 그리듯 말해 봐요!

 다른 놀이기구 두 개의 어느 부분이 어떻게 다른지 각각 말해 봐요!

61

다른 그림 찾기

크림이 듬뿍 올라간 달콤한 컵케이크네요.

다른 그림 두 개를 찾아보세요!

◇ 답을 찾는 데
걸린 시간 ___초/분

정답 확인 241쪽   102

 다른 컵케이크 두 개의 어느 부분이 어떻게 다른지 각각 말해 보세요!

62

다른 그림 찾기

네 글자 낱말이 여러 개 있어요.
'감사하다'가 아닌 것 하나를 찾아보세요!

◈ 답을 찾는 데
걸린 시간 ___초/분

정답 확인 241쪽

103

감사하다 감사하다 감사하다 감사하다 감사하다

감사하다 감사하다 감사하다 감사하다

감사하다 감시하다 감사하다 감사하다 감사하다

감사하다 감사하다 감사하다 감사하다

감사하다 감사하다 감사하다 감사하다 감사하다

감사하다 감사하다 감사하다 감사하다

감사하다 감사하다 감사하다 감사하다 감사하다

감사하다 감사하다 감사하다 감사하다

'감사하다'를 넣어 최근에 일어난 일을 문장으로 만들어 봐요!

정답으로 찾은 낱말과 비슷한 뜻을 가진 낱말 한 개를 말해 봐요!

예쁜 운동화가 많이 있습니다.
다른 그림 두 개를 찾아보세요!

덤프트럭이 많이 있습니다.
다른 트럭 한 대를 찾아보세요!

65
다른 그림 찾기

네 자리 수가 여러 개 있어요.
8560이 아닌 것 두 개를 찾아보세요!

 답을 찾는 데
걸린 시간 ___초/분

정답 확인 241쪽 106

8560 8560 8560

8560 8560 8560

8560 8590 8560 8560

8560 8560 8560 8560

8560 8560 8560 8560

8560 8560 8560

8560 8560 8560 8560

8560 8560 8560 8560

8560 8560 8560 8560

8560 8560 8560 8650

8560 8560 8560 8560

8560 8560 8560

8560

그림에서 가장 큰 수는 무엇인가요?

알록달록 예쁜 앵무새가 많이 있습니다.
다른 앵무새 세 마리를 찾아보세요!

67

다른 그림 찾기

알파벳 네 개로 된 영어 단어가 여러 개 있어요.
'band'가 아닌 것 하나를 찾아보세요!

💎 답을 찾는 데
걸린 시간 ___초/분

정답 확인 241쪽 108

band   band   band   band

band   band   band   band

band   band   band   band

band   band   band   band

band   band   band   band

band   bend   band   band

band   band   band   band

band   band   band   band

band   band   band   band

band   band   band   band

band   band   band   band

band   band   band   band

band   band   band   band

band   band   band

🍊 내가 활동하고 싶은 동호회나 밴드가 있다면 이유와 함께 말해 봐요!

예쁜 분홍색 오토바이가 많이 있습니다.
다른 오토바이 세 대를 찾아보세요!

화려하고 멋진 왕관이군요.
다른 왕관 두 개를 찾아보세요!

70

다른 그림 찾기

네 글자 낱말이 여러 개 있어요.

'결자해지'가 아닌 것 하나를 찾아보세요!

💎 답을 찾는 데
걸린 시간 ___초/분

정답 확인 242쪽　　111

결자해지 결자해지 결자해지 결자해지 결자해지 결자해지

결자해지 결자해지 결자해지 결자해지 결자해지

결자해지 결자해지 결자해지 결자해지 결자해지 결자해지

결자해지 결자해지 결자해지 결자해지 결자해지

결자해지 결자해지 결자해지 결자해지 결제해지 결자해지

결자해지 결자해지 결자해지 결자해지 결자해지

결자해지 결자해지 결자해지 결자해지 결자해지 결자해지

결자해지 결자해지 결자해지 결자해지 결자해지

결자해지 결자해지 결자해지 결자해지 결자해지 결자해지

결자해지 결자해지 결자해지 결자해지 결자해지

 '결자해지'의 뜻을 말해 봐요! **정답으로 찾은 낱말의 글자들로 두 글자 낱말 세 개를 만들어 봐요!**

71

다른 그림 찾기

화사한 꽃 화분이 많이 있습니다.
다른 그림 두 개를 찾아보세요!

💎 답을 찾는 데
걸린 시간 ___초/분

정답 확인 242쪽   112

72
다른 그림 찾기

알파벳 다섯 개로 된 영어 단어가 여러 개 있어요.
'Sweet'가 아닌 것 두 개를 찾아보세요!

💎 답을 찾는 데
걸린 시간 ___초/분

정답 확인 242쪽

113

Sweet Sweet Sweet Sweet Sweet Sweet Sweet

Sweet Sweet Sweet Sweet Sweet Sweet Sweet

Sweet Sweet Sweat Sweet Sweet Sweet Sweet

Sweet Sweet Sweet Sweet Sweet Sweet Sweet

Sweet Sweet Sweet Sweet Sweet Sweet Sweet

Sweet Sweet Sweet Sweet Sweet Sweet Sweet

Sweet Sweet Sweet Sweet Sweet Sweet Sweet

Sweet Sweet Sweet Sweet Sweat Sweet Sweet

Sweet Sweet Sweet Sweet Sweet Sweet Sweet

Sweet Sweet Sweet Sweet Sweet Sweet Sweet

Sweet Sweet

'sweet'의 의미인 '달다'로 2행시를 지어 봐요!

73

다른 그림 찾기

지지직… 노란 라디오가 많이 있습니다.

다른 라디오 세 개를 찾아보세요!

◇ 답을 찾는 데
걸린 시간 ___초/분

정답 확인 242쪽   114

74

다른 그림 찾기

깃털로 화려하게 장식된 가면이 많이 있습니다.

다른 가면 세 개를 찾아보세요!

💎 답을 찾는 데
걸린 시간 ___초/분

정답 확인 242쪽

115

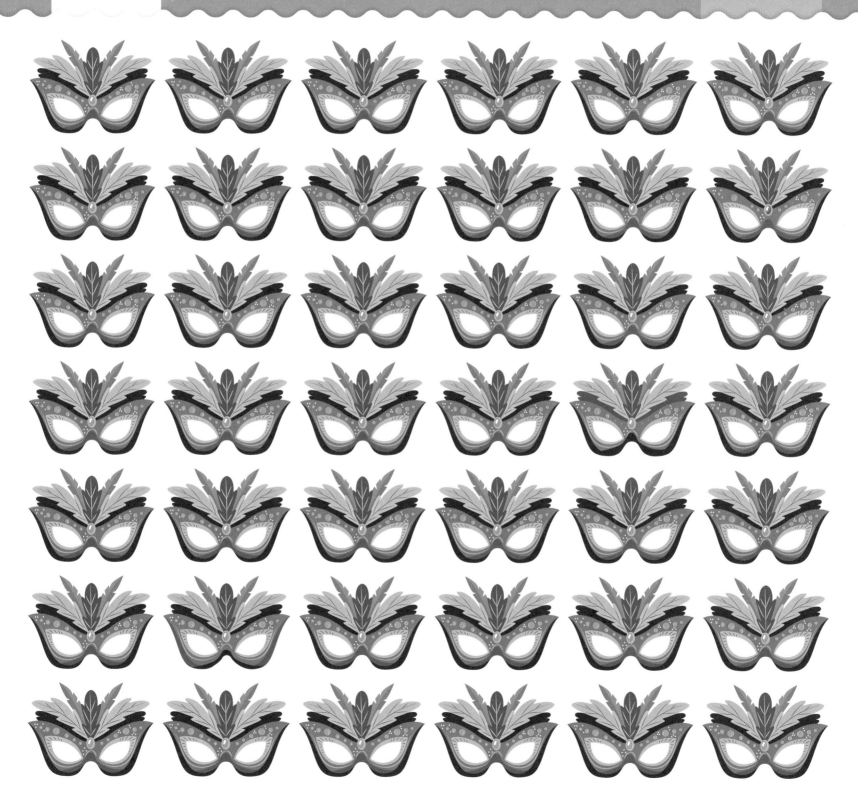

단전 명상

단전 명상은 단전관이라고도 하며, 상기 현상을 없애는 데 효과적인 명상법입니다. 복잡한 생각이나 과도한 스트레스를 받을 때 단전 명상을 하면 두뇌와 온몸이 이완되어 편안해지는 것을 느낄 수 있습니다. 일상에서도 단전 명상을 잊지 않는다면 상황에 휘둘리지 않고, 자유로울 수 있습니다.

명상하기

1

바닥이나 침대에 등을 대고 바르게 눕습니다. 다리는 골반 넓이 정도로 벌리고 자세를 편안히 합니다. 다만 잠들지 않도록 유의합니다.

2

양손을 아랫배(배꼽 아랫부분- 단전) 위에 올리고, 눈을 감습니다. 손을 올릴 때 팔꿈치가 바닥에 닿도록 합니다. 편안하게 힘을 풀고 바닥에 온몸을 맡깁니다.

3

눈을 감고 아랫배가 호흡에 따라 올라왔다 내려가는 느낌을 느껴봅니다. 잡념이 들어도 상관하지 않습니다. 다시 아랫배의 움직임을 느껴봅니다. 아랫배를 느끼는 시간이 지속될수록, 호흡은 깊고 잔잔해지며 마음은 고요하고 편안해집니다.

4

아랫배 위의 양손을 편안하게
바닥에 내려놓습니다. 양손을
내려놓아도 여전히 아랫배를
느끼는 마음은 지속됩니다.
따로 더 잘 느끼려고 노력할
필요는 없습니다. 아랫배를
느끼는 마음이 끊어지지
않으면 됩니다.

5

목표 시간을 정하고, 그 시간
동안 아랫배를 느끼는 것을
지속하면 됩니다. 처음에는
30초~1분 정도로 하고,
가능해지면 점점 늘려가는
것이 효과적입니다.

보는 것만으로 좋아진 치매

노인 간호 분야의 세계적인 권위자인 퍼듀대학교 낸시 에드워즈 교수는
치매환자를 대상으로 한 실험에서 놀라운 결과가 믿기지 않았습니다.
실험은 아주 간단했습니다. 치매환자들이 있는 요양원 식당에 수족관을
설치하여 예쁜 빛깔의 물고기들을 넣어 둔 것이 전부였습니다. 큰 기대
없이 환자의 변화를 보기 위한 실험이었는데 결과는 예상외로 놀라웠습
니다.

말을 하지 않던 무기력한 치매환자가 말을 하고, 식사가 어려울 정도로 산만하고 소리를 지르던 환자들이 차분하고 안정적으로 변했던 것입니다.

환자들의 스트레스 호르몬 수치도 내려간 것으로 나타났습니다. 단지 움직이는 아름다운 물고기를 본 것이 전부일 뿐인데 말입니다.

보는 것으로 몸을 변화시킨다는 사실은 또 다른 실험을 통해 알 수 있습니다.

뇌졸중 재활 분야에 세계적으로 손꼽히는 독일 슐레스비히홀슈타인 병원 연구팀은 제대로 움직이지 못하는 중풍 환자에게 자유롭게 움직이는 건강한 사람들의 일상을 4주간 지켜보게 하였습니다.

그 후, 환자의 뇌를 촬영한 결과 손상된 영역의 뇌가 빠른 속도로 재생되고 있음을 알 수 있었습니다.

단지 보는 것만으로 몸이 반응하는 것은 사진 한 장을 통해서도 마찬가지입니다.

웨일스대학교의 연구 결과에 따르면, 축구선수 사진을 보기만 해도 다리 근육을 관장하는 뇌의 영역이 활성화됨을 알 수 있었습니다.

듣는 것은 어떨까요? 파르마대학교 연구팀은 실험에서 참가자들이 손동작을 묘사
한 말을 들을 때, 손동작을 관장하는 뇌의 영역이 활성화됨을 알 수 있었습니다.
내가 무엇을 보고, 듣고, 말하고, 생각하느냐는 우리의 건강을 결정하고, 변화시킨
다는 것을 알 수 있습니다.

4강
기억력 테스트

주의집중력과 기억력, 관찰력을 향상할 수 있는 기억력 테스트입니다. 그림이나 숫자를 특정 시간 동안 관찰한 후 순서대로 기억해내면 됩니다. 부가활동으로 일상생활에 도움이 되는 기억력 강화 문제들이 제공됩니다.

 탑클래스 기억력테스트 모음 🔍

💡 **10초가 지났어요! 천천히 페이지를 넘겨 보세요!**

Q

앞서 관찰한 숫자를
순서대로 잘 배열한 것은 어느 것일까요?

답을 찾는 데
걸린 시간 ___초/분

정답 확인 242쪽

① 68542

② 86245

③ 68245

④ 86542

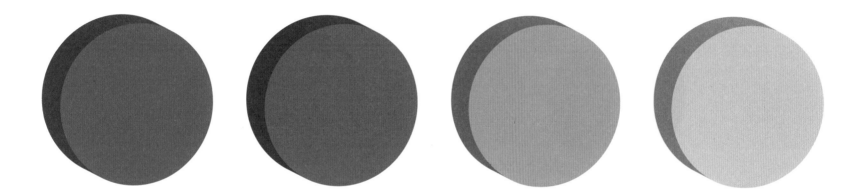

 10초가 지났어요! 천천히 페이지를 넘겨 보세요!

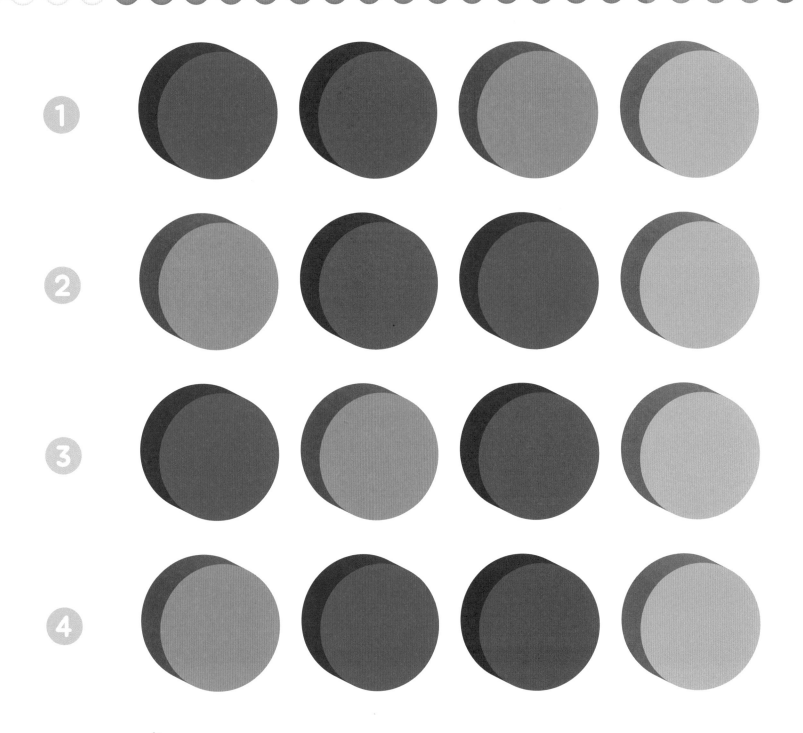

🍅 정답 가운데 네 번째 그림 색의 과일 종류 두 가지를 말해 봐요!

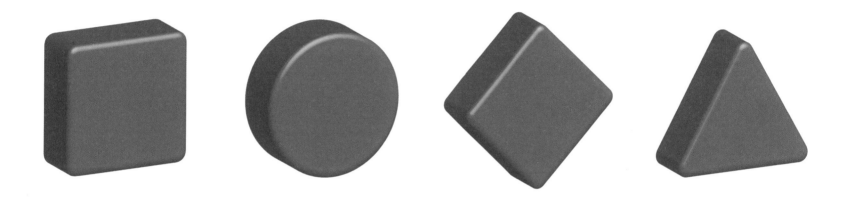

 10초가 지났어요! 천천히 페이지를 넘겨 보세요!

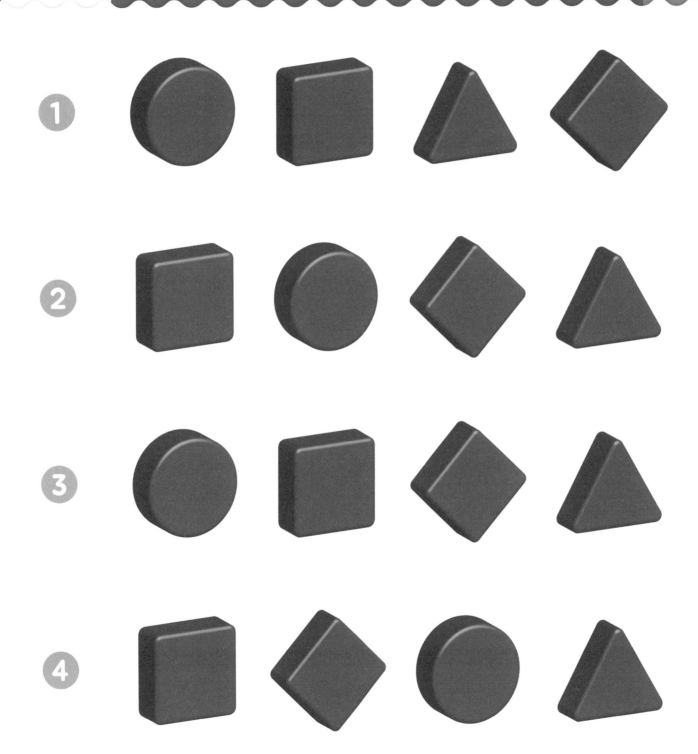

🔅 **20초가 지났어요! 천천히 페이지를 넘겨 보세요!**

 정답 가운데 세 번째 동물의 특징 두 가지를 말해 봐요!

💡 **30초가 지났어요! 천천히 페이지를 넘겨 보세요!**

🍊 최근에 먹었던 빵이나 떡의 종류를 생각나는 대로 말해 봐요!

 30초가 지났어요! 천천히 페이지를 넘겨 보세요!

①

②

③

④

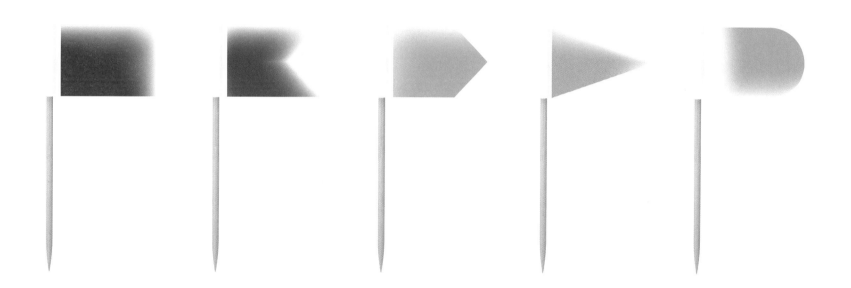

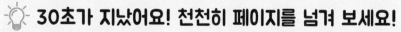 30초가 지났어요! 천천히 페이지를 넘겨 보세요!

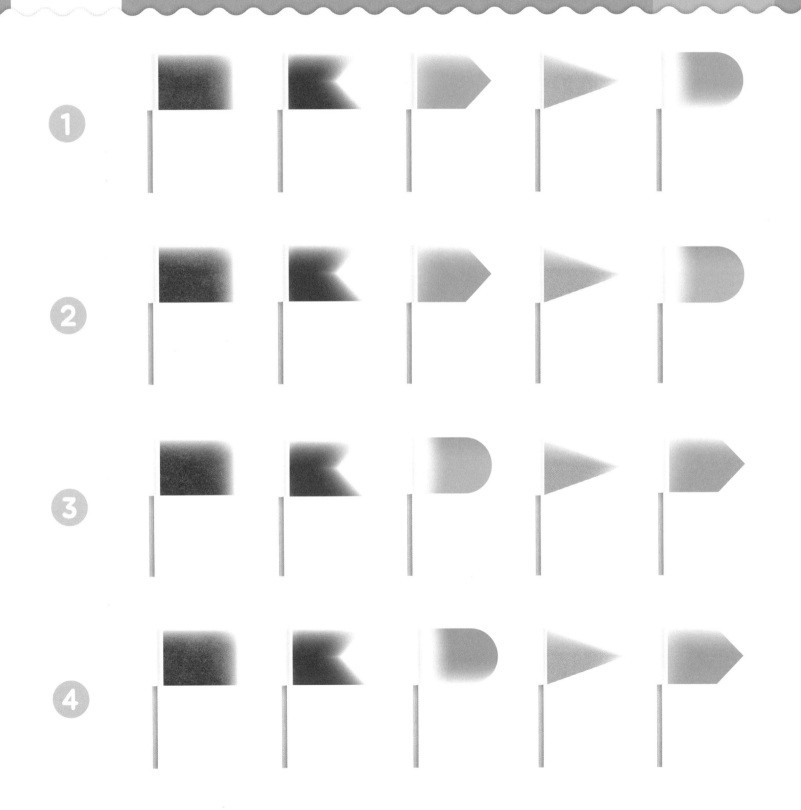

 30초가 지났어요! 천천히 페이지를 넘겨 보세요!

① ② ③ ④

최근에 선물을 주거나 받았던 일이 있었나요? 생각나는 대로 말해 봐요!

 30초가 지났어요! 천천히 페이지를 넘겨 보세요!

84

아래 **그림과 순서**를 잘 관찰하여 기억해 주세요.
뒷장에 퀴즈가 있습니다.

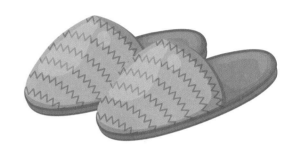

 30초가 지났어요! 천천히 페이지를 넘겨 보세요!

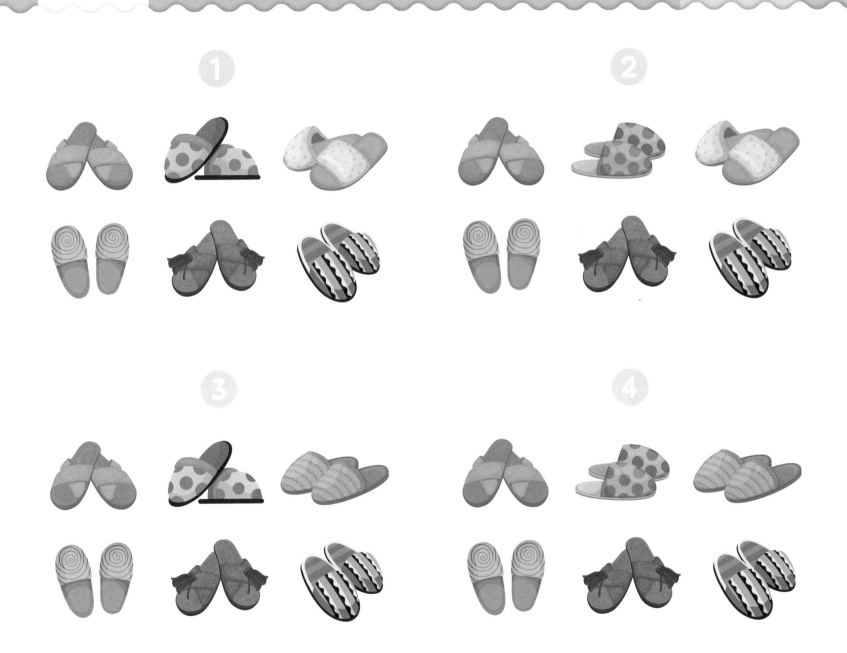

어제 내가 신었던 신발은 무엇이었나요? 생각나는 대로 말해 봐요!

30초가 지났어요! 천천히 페이지를 넘겨 보세요!

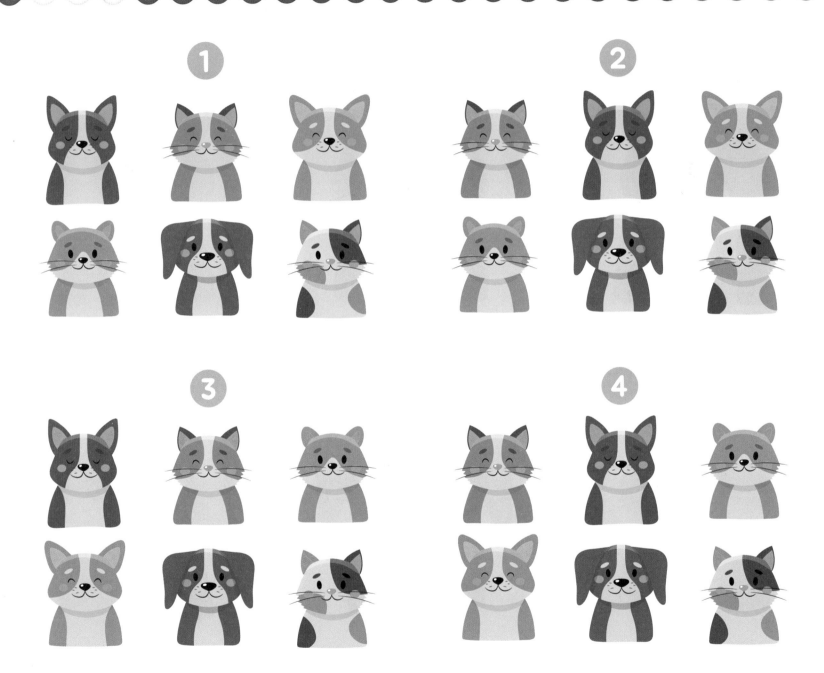

반려동물을 키우고 있다면 종류와 이름을 말해 봐요!

아래 **그림과 순서**를 잘 관찰하여 기억해 주세요.
뒷장에 퀴즈가 있습니다.

 60초가 지났어요! 천천히 페이지를 넘겨 보세요!

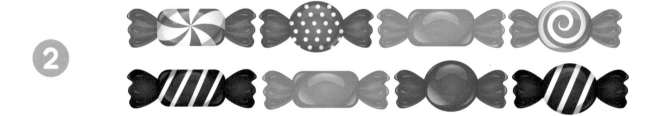

①

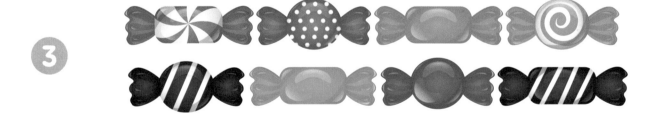

②

③

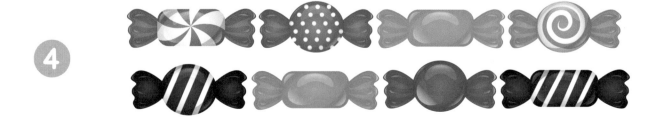

④

 초콜릿, 사탕 등 내가 좋아하는 간식은 무엇인가요?

87

기억력 테스트

아래 **그림과 순서**를 잘 관찰하여 기억해 주세요.
뒷장에 퀴즈가 있습니다.

 60초가 지났어요! 천천히 페이지를 넘겨 보세요!

①

②

③

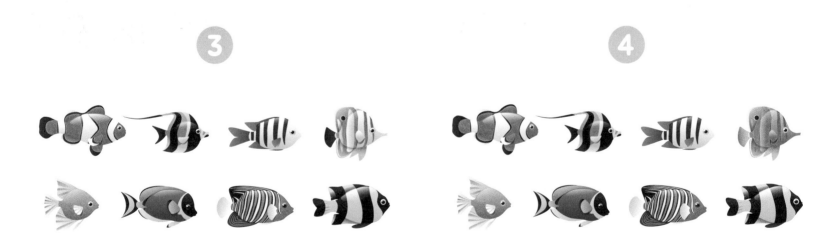

④

★ 9 4 3 ♠

◐ 6 ▽ 1 2

 60초가 지났어요! 천천히 페이지를 넘겨 보세요!

① ★ 9 4 3 ♠ ● 6 ▽ 1 2

② ★ 9 4 3 ♠ ◑ 6 ▽ 1 2

③ ★ 9 4 3 ♠ ● 6 ▽ 1 2

④ ★ 9 4 3 ♠ ◑ 6 ▽ 1 2

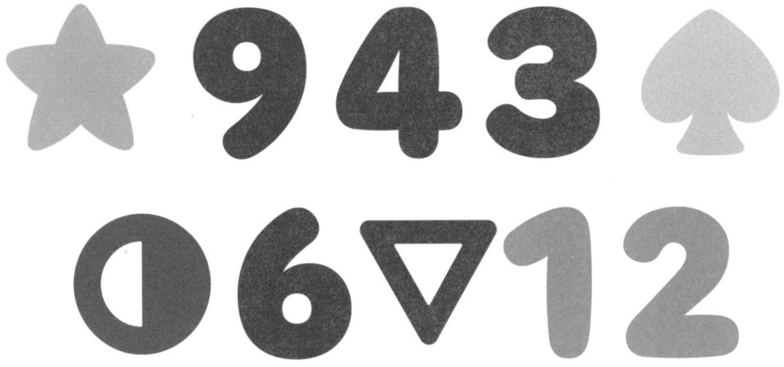

답을 맞혔다면 어떤 방법으로 기억했는지 말해 봐요!

 90초가 지났어요! 천천히 페이지를 넘겨 보세요!

5강
같은 그림 찾기

탑클래스 같은그림찾기 모음

판단력과 집중력을 향상할 수 있는 같은 그림 찾기 게임입니다. 많은 그림 가운데 짝이 되는 같은 그림을 찾으면 됩니다. 부가 활동은 인지력과 주의력 증진에 도움이 되는 다양한 주제의 심화문제들로 구성되어 있습니다.

90

~~~

같은 그림 찾기

귀여운 그림의 메모지가 있습니다.
같은 메모지 두 개를 찾아보세요!

☆ 답을 찾는 데
걸린 시간 ___초/분

~~~

정답 확인 244쪽   154

혀를 내밀고 있는 그림이 그려진 메모지를 찾아보세요!

알록달록 예쁜 꽃들이 있습니다.
같은 그림 두 개를 찾아보세요!

 꽃잎이 여섯 개인 꽃을 찾아보세요!

시원하고 맛있는 아이스크림이군요.

같은 아이스크림 두 개를 찾아보세요!

93

같은 그림 찾기

아기를 위한 유모차가 많이 있습니다.

같은 유모차 두 개를 찾아보세요!

☆ 답을 찾는 데
걸린 시간 ___초/분

정답 확인 244쪽   157

 햇빛 가리개가 없는 유모차를 찾아보세요!

키우고 싶은 예쁜 선인장이 많이 있습니다.
같은 그림 두 개씩 두 쌍을 짝지어 보세요.

모양도 예쁘고 달콤한 컵케이크군요.
같은 컵케이크 두 개를 찾아보세요!

 블루베리가 들어간 컵케이크를 찾아보세요!

둥글둥글 다양한 공들이 있습니다.
같은 공 두 개를 찾아보세요!

 농구공과 야구공을 찾아보세요!

97

같은 그림 찾기

예쁜 선물이 도착했습니다.
같은 선물 두 개를 찾아보세요!

☆ 답을 찾는 데
걸린 시간 ___초/분

정답 확인 245쪽　161

 포장끈이 초록색인 선물은 몇 개인가요?

멋진 도자기가 많이 있습니다.
같은 도자기 두 개를 찾아보세요!

 손잡이가 하나 있는 도자기를 찾아보세요!

99
같은 그림 찾기

오늘은 어떤 것을 먹을까요?
같은 음식 두 가지를 찾아보세요!

☆ 답을 찾는 데
걸린 시간 ___초/분

정답 확인 245쪽   163

 계란이 보이는 음식을 찾아보세요!

100

~

같은 그림 찾기

핑크빛 하트가 많이 있습니다.
같은 그림 두 개씩 두 쌍을 짝지어 보세요.

☆ 답을 찾는 데
걸린 시간 ___초/분

정답 확인 245쪽   164

101
같은 그림 찾기

멋진 리본타이군요.
같은 그림 두 개씩 두 쌍을 짝지어 보세요.

☆ 답을 찾는 데
걸린 시간 ___초/분

정답 확인 245쪽　165

102

같은 그림 찾기

맛있는 디저트가 있습니다.
같은 그림 두 개를 찾아보세요!

☆ 답을 찾는 데
걸린 시간 ___초/분

정답 확인 245쪽   166

 초록색 허브 잎이 장식되어 있는 디저트를 찾아보세요!

103

같은 그림 찾기

고급스럽고 멋진 손목시계입니다.
같은 그림 두 개씩 두 쌍을 짝지어 보세요!

☆ 답을 찾는 데
걸린 시간 ___초/분

정답 확인 245쪽   167

 시곗줄에 파란색이 있는 시계를 찾아보세요!

비타민이 풍부한 과일들이 있습니다.
같은 과일 두 개를 찾아보세요!

 무화과와 키위를 찾아보세요!

105

같은 그림 찾기

반짝반짝 신기하게 생긴 돌이 있네요.
같은 돌 두 개를 찾아보세요!

☆ 답을 찾는 데
걸린 시간 ___초/분

정답 확인 246쪽   169

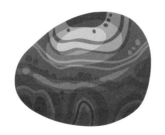
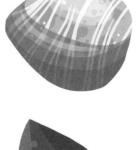

106

같은 그림 찾기

새콤달콤 시원한 음료가 있습니다.
같은 그림 두 개씩 두 쌍을 짝지어 보세요.

☆ 답을 찾는 데
걸린 시간 ___초/분

정답 확인 246쪽　170

Plum

Celery

Grapefruit

Lemon

Blueberry

Cherry

Sea buckthorn

Pear

Strawberry

Orange

Watermelon

Banana

Kiwi

Raspberry

Lemon

Orange

Blueberry

Currant

Carrot

Celery

107

같은 그림 찾기

알록달록 초가 여러 개 있습니다.
같은 그림 두 개씩 두 쌍을 짝지어 보세요.

☆ 답을 찾는 데
걸린 시간 ___초/분

정답 확인 246쪽

171

 별 모양이 그려진 초를 찾아보세요!

108

같은 그림 찾기

입체적인 도형이 있습니다.
같은 그림 두 개씩 두 쌍을 짝지어 보세요.

☆ 답을 찾는 데
걸린 시간 ___초/분

정답 확인 246쪽   172

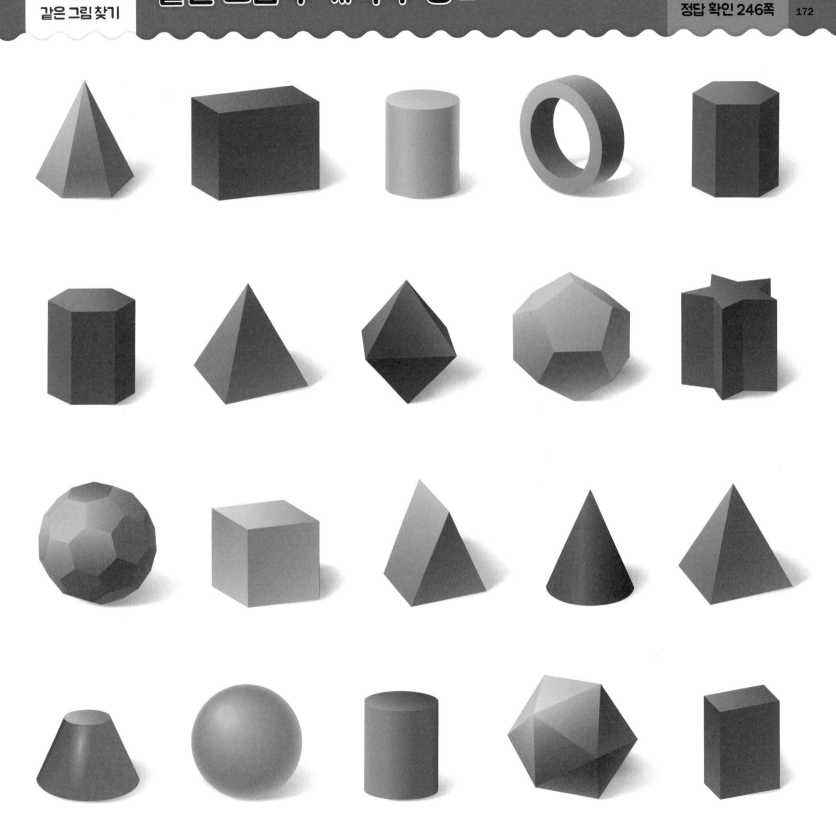

109

같은 그림 찾기

청바지, 청치마 등 멋진 옷들이네요.
같은 그림 두 개를 찾아보세요!

☆ 답을 찾는 데
걸린 시간 ___초/분

정답 확인 246쪽   173

 멜빵바지를 찾아보세요!

 긴바지는 모두 몇 벌인가요?

110

같은 그림 찾기

멋있는 금빛 왕관입니다.
같은 그림 두 개씩 두 쌍을 짝지어 보세요.

☆ 답을 찾는 데
걸린 시간 ____초/분

정답 확인 246쪽   174

111

같은 그림 찾기

지나가는 사람들이 많이 있습니다.
같은 그림 두 개씩 두 쌍을 짝지어 보세요.

☆ 답을 찾는 데
걸린 시간 ___초/분

정답 확인 247쪽   175

 치마를 입은 사람은 몇 명인가요?

112

같은 그림 찾기

다양한 색의 모자가 있습니다.
같은 그림 두 개씩 두 쌍을 짝지어 보세요.

☆ 답을 찾는 데
걸린 시간 ___초/분

정답 확인 247쪽   176

물건을 담기 좋은 바구니가 여러 개 있습니다.
같은 바구니 두 개를 찾아보세요!

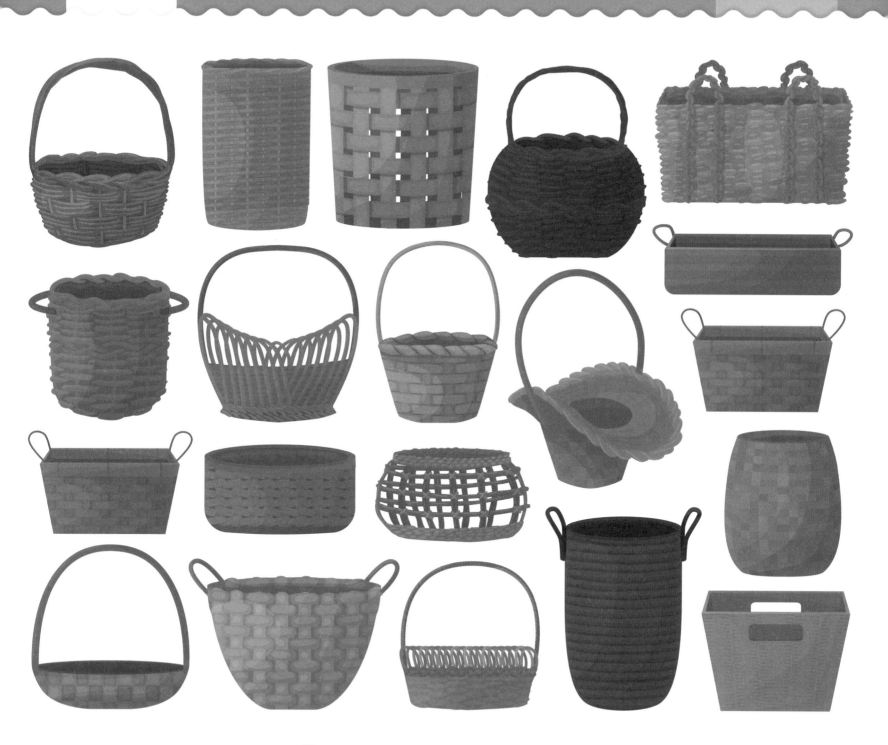

 손잡이가 없는 바구니는 몇 개인가요?

114

~

같은 그림 찾기

색색깔의 예쁜 부채가 있습니다.
같은 그림 두 개씩 두 쌍을 짝지어 보세요.

☆ 답을 찾는 데
걸린 시간 ___초/분

~

정답 확인 247쪽   178

115

같은 그림 찾기

다양한 등산 가방이 있습니다.
같은 그림 두 개씩 두 쌍을 짝지어 보세요.

☆ 답을 찾는 데
걸린 시간 ___초/분

정답 확인 247쪽   179

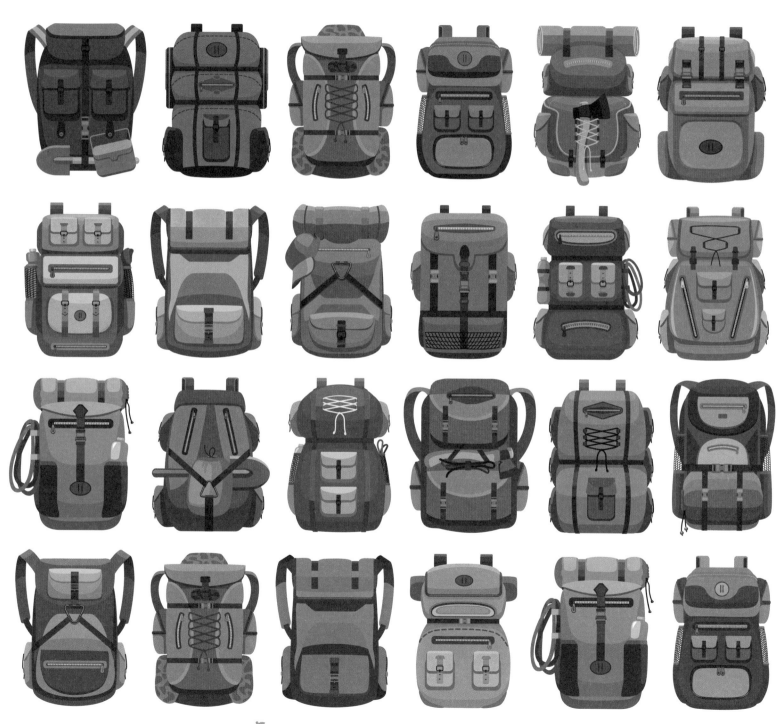

 삽이 함께 있는 가방을 찾아보세요!

116

같은 그림 찾기

귀여운 부엉이들이 모여 있네요.

같은 그림 두 개씩 세 쌍을 짝지어 보세요.

☆ 답을 찾는 데
걸린 시간 ___초/분

정답 확인 247쪽   180

눈을 감고 있는 부엉이를 찾아보세요!

117

같은 그림 찾기

풀기 힘들어 보이는 매듭 문양이군요.

같은 그림 두 개씩 두 쌍을 짝지어 보세요.

☆ 타를 찾는 데
걸린 시간 ___초/분

정답 확인 247쪽   181

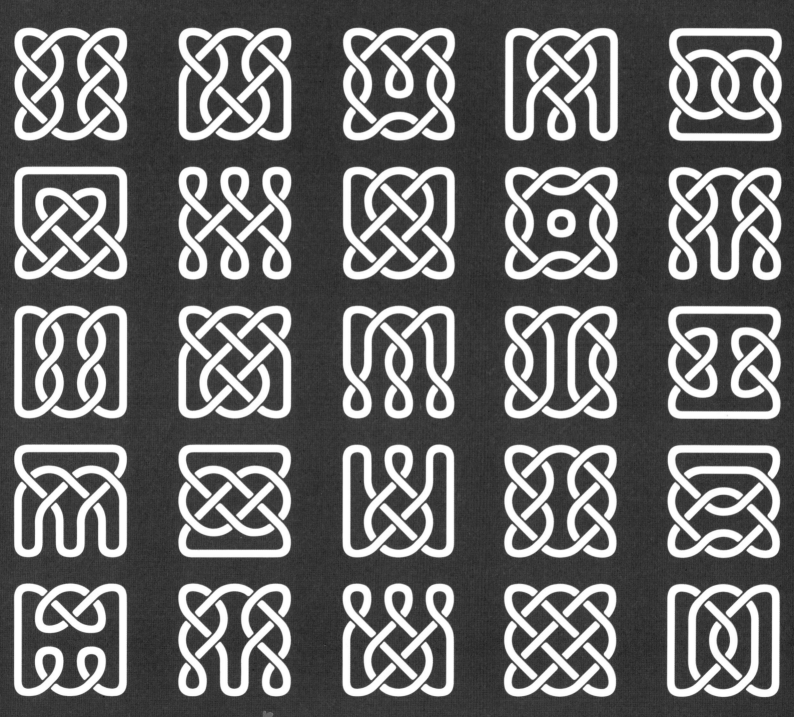

 매듭들을 다양한 색깔로 채워 봐요!

118

같은 그림 찾기

화려한 트리가 많이 있습니다.
같은 그림 두 개씩 세 쌍을 짝지어 보세요.

☆ 답을 찾는 데
걸린 시간 ___초/분

정답 확인 248쪽　182

 꼭대기에 빨간 별이 있는 트리는 몇 개인가요?

119

같은 그림 찾기

물감으로 예쁜 색을 칠해 두었네요.
같은 그림 두 개씩 두 쌍을 짝지어 보세요.

☆ 답을 찾는 데
걸린 시간 ___초/분

정답 확인 248쪽

183

120

같은 그림 찾기

귀여운 캐릭터들이 탑클래스 카드를 들고 있네요.

같은 그림 두 개씩 두 쌍을 짝지어 보세요.

☆ 답을 찾는 데
걸린 시간 ___초/분

정답 확인 248쪽   184

 입을 벌리고 있는 캐릭터는 몇 개인가요?

121

같은 그림 찾기

맛있는 빵들이 있습니다.
같은 그림 두 개씩 두 쌍을 짝지어 보세요.

☆ 답을 찾는 데
걸린 시간 ___초/분

정답 확인 248쪽   185

122

같은 그림 찾기

신고 싶은 예쁜 양말이 많이 있습니다.
같은 그림 두 개씩 세 쌍을 짝지어 보세요.

☆ 답을 찾는 데
걸린 시간 ___초/분

정답 확인 248쪽　186

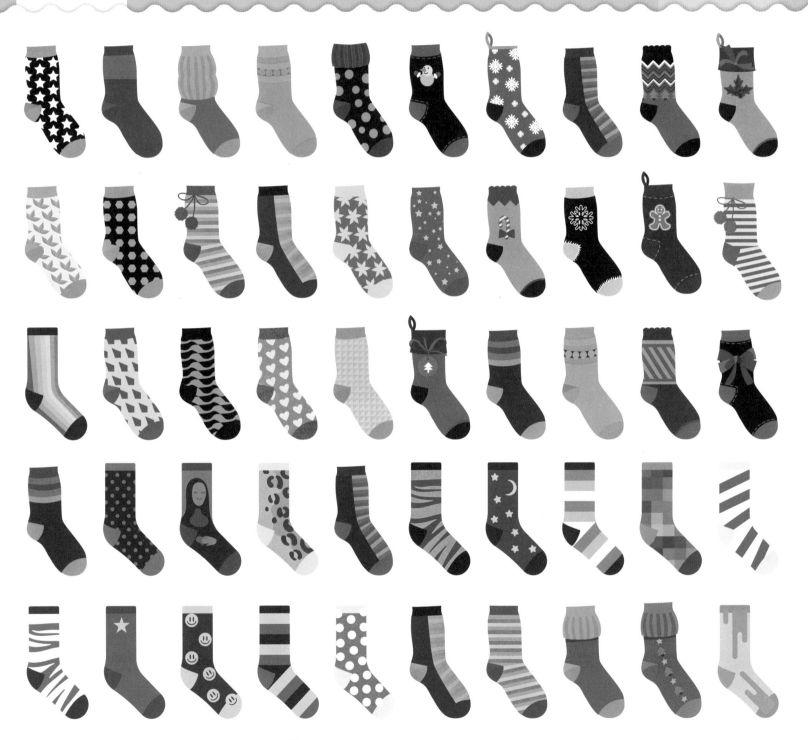

 무지개색 양말을 찾아보세요!

123

같은 그림 찾기

알록달록 다양한 문양의 타일이 있습니다.
같은 그림 두 개씩 두 쌍을 짝지어 보세요.

☆ 답을 찾는 데
걸린 시간 ___초/분

정답 확인 248쪽   187

명상하면 달라지는 뇌의 변화 5가지

1. 뇌의 구조와 기능이 달라집니다.

전전두엽과 측두엽의 앞부분까지 뇌세포의 피질
두께가 두꺼워지며 활성화됩니다.
백질의 연결성이 증가하여 치매로 문제가 되는
인지기능과 감정 조절 기능이 좋아지며 면역기
능도 증강됩니다.

2. 기억력의 중추인 해마가 커집니다.

치매가 진행되면 기억력을 관장하는 해마의 퇴
행과 함께 기억력이 떨어지는데 UCLA에서 이
루어진 연구를 통해 장기간 명상을 한 사람들일
수록 해마의 부피가 커지고, 회백질의 양이 증가
하여 정보처리 능력이 강화된 것을 확인할 수 있
습니다.

3. 주의집중과 감각처리 능력이 좋아집니다.

명상을 장기간 수행한 사람은 MRI를 이용한 연구를 통해 명상을 안 한 사람보다 주의집중과 감각처리를 담당하는 전두엽과 전측대상피질이 활성화되었음을 알 수 있습니다.

이러한 현상은 오랜 기간 명상을 한 노인들에게서도 확인할 수 있었는데, 이는 명상을 하면 노화에 의한 변화를 역전할 수 있다는 것으로 명상으로 뇌를 젊어지게 한다는 의미이기도 합니다.

4. 동맥경화 완화로 뇌졸중의 위험이 감소됩니다.

명상을 하면 뇌의 혈류량이 증가하고, 이완 효과를 통해 고지혈증, 고혈압, 당뇨로 인해 혈관을 좁게 만드는 위험인자들이 줄어들며 뇌졸중의 위험도 감소됩니다.

이는 뇌졸중으로 인해 갑자기 발생하는 혈관성 치매 발병률을 낮추는 데 큰 영향을 줍니다.

5. 스트레스를 조절할 수 있게 됩니다.

매사추세츠대학교 의과대학 박사 존 카밧진에 따르면, 명상을 하면 뇌 활동을 피질의 다른 영역으로 옮길 수 있게 된다고 합니다.

예를 들어 스트레스를 받기 쉬운 오른쪽 전두엽 피질의 뇌파를 더 차분한 왼쪽 전두엽 피질로 옮길 수 있어 자신을 더 차분하고 행복하게 만들 수 있다는 뜻입니다.

또 다른 UCLA 의과대학의 연구에서는 오랫동안 명상을 하면 감정 조절 및 반응 제어와 연결된 뇌 영역의 회백질량이 유의미하게 더 많다는 사실을 알게 되었습니다.

이는 명상을 하면 자신의 스트레스 수준을 더 잘 조절하여 불안감을 줄이고 안정적으로 행복감을 유지할 수 있다는 의미입니다.

따라서 명상은 지속적인 스트레스로 혈관이 수축되고, 뇌가 손상되어 생길 수 있는 치매를 예방하는 데 큰 도움이 됩니다.

6강
관찰력 테스트

주어진 시간 동안 그림을 관찰한 후 기억하여 퀴즈를 맞히는 관찰력 테스트입니다. 퀴즈를 알지 못하는 상황에서 그림을 관찰하므로 면밀한 관찰력과 문제해결 능력이 필요합니다. 앞서 했던 게임들에 비해 한층 심화된 게임으로 기억력 향상에 큰 도움이 됩니다.

①

②

③

④

①

②

③

④

①

②

③

④

① 두 번째

② 네 번째

③ 다섯 번째

④ 여섯 번째

①

②

③

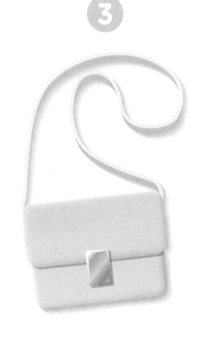

④

아래 그림을 **30초 동안** 잘 관찰해 주세요.
뒷장에 퀴즈가 있습니다.

①

②

③

④

일요일	월요일	화요일	수요일	목요일	금요일	토요일
			1	2 미나생일	3	4
5	6	7 친구생일	8	9	10 한의원가기	11
12 환갑잔치	13	14	15	16	17	18 동창모임
19	20	21	22 건강검진	23	24	25
26 등산모임	27	28	29	30	31	

Q

앞서 관찰한 달력의 일정 가운데 등산모임은 며칠 또는 무슨 요일일까요?

답을 찾는 데 걸린 시간 ___초/분

정답 확인 249쪽

① 수요일

② 토요일

③ 18일

④ 26일

1

2

3

4

5

6

7

8

①

②

③

④

1번지

2번지

3번지

4번지

5번지

6번지

FARM
PRODUCT

7번지

8번지

9번지

COFFEE

1 2번지

2 4번지

3 7번지

4 9번지

134

관찰력 테스트

아래 그림을 60초 동안 잘 관찰해 주세요.
뒷장에 퀴즈가 있습니다.

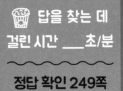
① **3명**

② **4명**

③ **5명**

④ **6명**

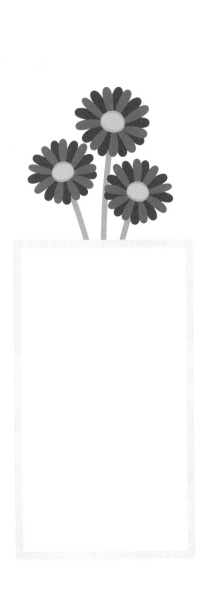

①

②

③

④

Q

앞서 관찰한 그림 가운데
안경을 쓴 어린이는 몇 명일까요?

답을 찾는 데
걸린 시간 ___초/분

정답 확인 250쪽

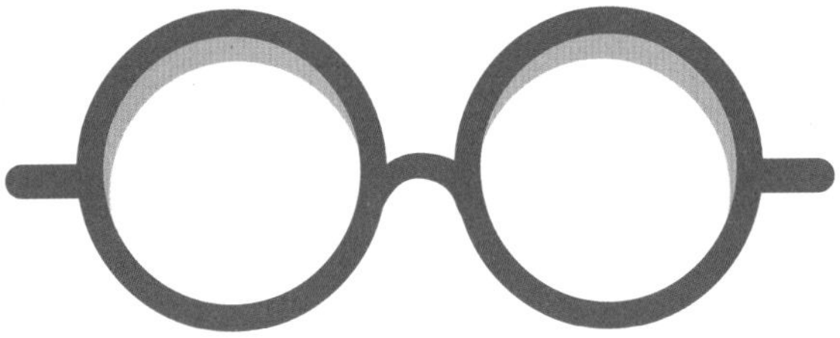

① 4명

② 3명

③ 5명

④ 2명

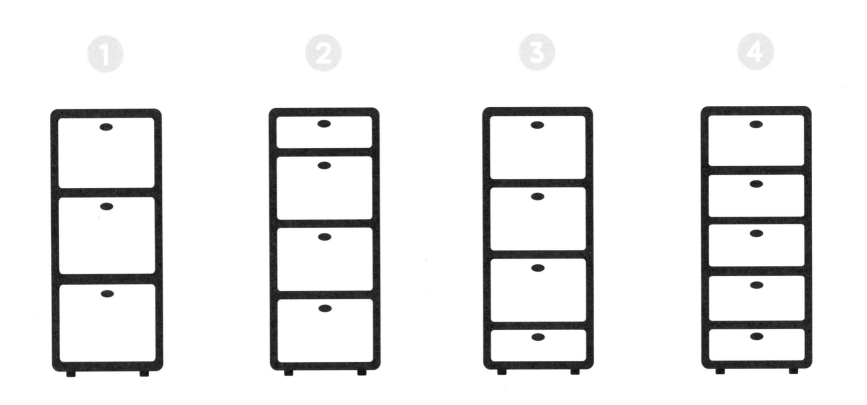

① ② ③ ④

1

2

3

4

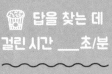
① **5개**

② **7개**

③ **4개**

④ **6개**

①

②

③

④

101호

102호

103호

104호

① 102호

② 101호

③ 104호

④ 103호

①

②

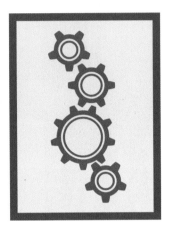

③

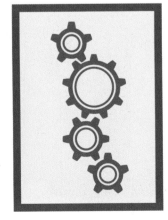

④

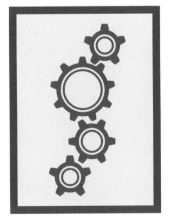

정답

정답 ★

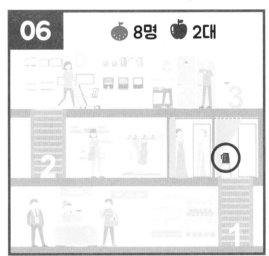

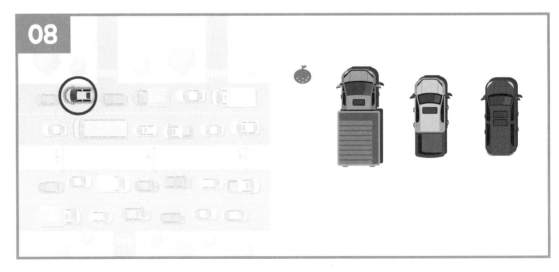

정답 ★

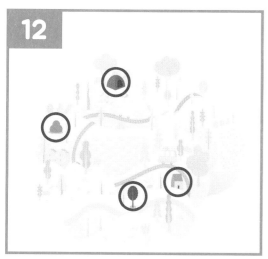

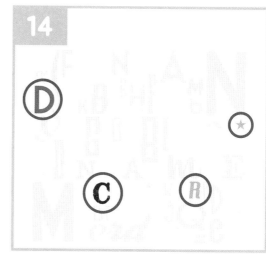

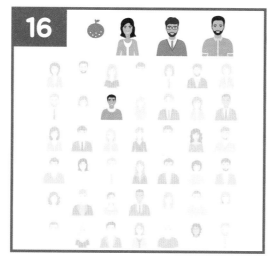

정답 ★

18

19
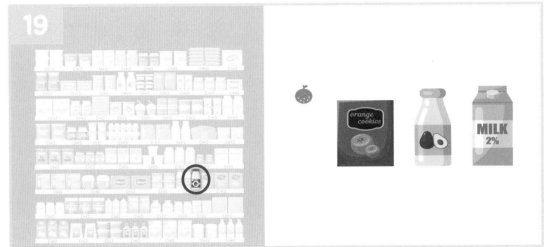

20
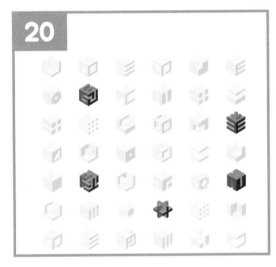

21 🍊 더덕, 피망

22 🍎 도라지, 애호박

23 🍊 길쭉하다, 겉이 녹색이다 등
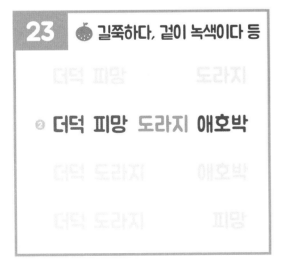
❷ 더덕 피망 도라지 애호박

24 🍎 사과, 키위

25 🍊 석류, 레몬

정답 ★

26 🍎 청포도, 아보카도

ㅊ ㅍ ㄷ
청 포 도

ㅇ ㅂ ㅋ ㄷ
아 보 카 도

27 🍊 수박, 무화과, 피자두 등

레몬

28 🍎 고양이, 표범

ㄱ ㅇ ㅇ
고 양 이

ㅍ ㅂ
표 범

29 🍊 다람쥐, 얼룩말

ㄷ ㄹ ㅈ
다 람 쥐

ㅇ ㄹ ㅁ
얼 룩 말

30 🍎 독수리, 코알라

ㄷ ㅅ ㄹ
독 수 리

ㅋ ㅇ ㄹ
코 알 라

31 🍊 얼룩말

①

고양이			
표범			
다람쥐	얼룩말	다람쥐	얼룩말
얼룩말	다람쥐	독수리	독수리
독수리			
코알라			

32 🍎 꼬리가 길면 밟힌다

ㄲ ㄹ 가 ㄱ 면
꼬 리 길

ㅂ ㅎ 다
밟 힌

33 🍊 무소식이 희소식이다

ㅁ ㅅ ㅅ 이
무 소 식

ㅎ ㅅ ㅅ 이 다
희 소 식

34 🍎 달면 삼키고 쓰면 뱉는다

ㄷ ㅁ ㅅ ㅋ 고
달 면 삼 키

ㅆ 면 ㅂ ㄴ 다
쓰 뱉 는

정답 ★

35 🍊 꼬리가 길면 밟힌다

무소식이 희소식이다

꼬리가 길면 밟힌다

③ 가는 말이 고와야 오는 말이 곱다

36 🍎 등잔 밑이 어둡다

ㄷㅈ ㅁㅇ
등잔 밑

ㅇㄷ다
어둡

37 🍊 금강산도 식후경

ㄱㄱㅅ도
금강산

ㅅㅎㄱ
식후경

38 🍎 갈수록 태산이다

ㄱㅅㄹ
갈 수 록

ㅌㅅㅇ다
태산이

39

내 코가 석 자

빛 좋은 개살구

🍊 아무리 재미있는 일이라도
배가 부르고 난 뒤에야
흥이 난다는 것을
비유적으로 이르는 말

④ 금강산도 식후경

40 🍎 꿩 대신 닭

ㄲ ㄷㅅ ㄷ
꿩 대신 닭

41 🍊 누워서 떡 먹기

ㄴㅇㅅ
누워서

ㄸ ㅁㄱ
떡 먹기

42 🍎 가재는 게 편

ㄱㅈㄴㄱㅍ
가재는게편

정답 ★

43 🍊 ㄴㅇㅅ ㅊㅂㄱ

❶ 누워서 침 뱉기

44 🍎 누워서 떡 먹기

❷

펑 대신 닭
누워서 떡 먹기
가재는 게 편

45

46 🍎 모과, 멜론, 망고, 매실 등

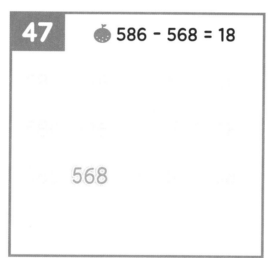

47 🍊 586 − 568 = 18

568

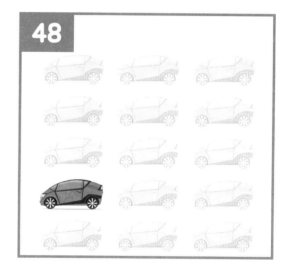

48

49

50

중독

51 🍊 사자, 호랑이, 표범 등

정답 ★

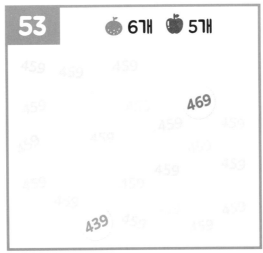

🍊 6개   🍎 5개

🍊 낙관적, 희망적 등

정답 ★

61

62

🍎 감독하다, 경계하다, 살펴보다 등

감사하다 감사하다 감사하다 감사하다 감사하다
감사하다 감사하다 감사하다 감사하다
감시하다 감사하다 감사하다 감사하다 감사하다
감사하다 감사하다 감사하다 감사하다
감사하다 감사하다 감사하다 감사하다 감사하다
감사하다 감사하다 감사하다 감사하다
감사하다 감사하다 감사하다 감사하다 감사하다
감사하다 감사하다 감사하다 감사하다

63

64

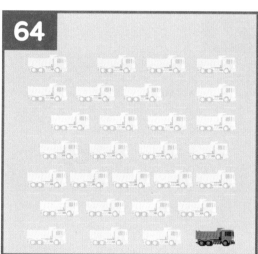

65

🍊 8650

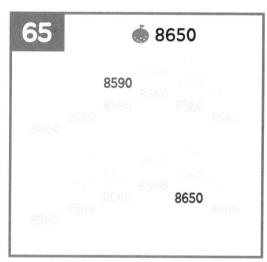

66

67

bend

68

69

정답 ★

70

결자해지 결자해지 결자해지 결자해지 결자해지 결자해지
결자해지 결자해지 결자해지 결자해지 결자해지
결자해지 결자해지 결자해지 결자해지 결자해지 결자해지
결자해지 결자해지 결자해지 결자해지 결자해지
결자해지 결자해지 결자해지 결자해지 **결계해지** 결자해지
결자해지 결자해지 결자해지 결자해지 결자해지
결자해지 결자해지 결자해지 결자해지 결자해지 결자해지
결자해지 결자해지 결자해지 결자해지 결자해지
결자해지 결자해지 결자해지 결자해지 결자해지 결자해지
결자해지 결자해지 결자해지 결자해지 결자해지

🍎 맺은 사람이 풀어야 한다는 뜻으로, 자기가 저지른 일은 자기가 해결하여야 함을 이르는 말

🍎 결제, 해지, 제지, 해결, 해제 등

71

72

Sweet Sweet Sweet Sweet Sweet Sweet Sweet
Sweet Sweet Sweet Sweet Sweet Sweet Sweet
Sweet Sweet **Sweat** Sweet Sweet Sweet Sweet
Sweet Sweet Sweet Sweet Sweet Sweet Sweet
Sweet Sweet Sweet Sweet Sweet Sweet Sweet
Sweet Sweet Sweet Sweet Sweet Sweet Sweet
Sweet Sweet Sweet Sweet Sweet Sweet Sweet
Sweet Sweet Sweet Sweet Sweet Sweet Sweet
Sweet Sweet Sweet Sweet **Sweat** Sweet Sweet
Sweet Sweet Sweet Sweet Sweet Sweet Sweet
Sweet Sweet Sweet Sweet Sweet Sweet Sweet
Sweet Sweet Sweet Sweet Sweet Sweet Sweet
Sweet Sweet

73

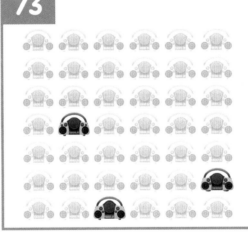

74

75

6 8 5 4 2

8 6 2 4 5

❸ **68245**

8 6 5 4 2

76

🍎 바나나, 참외, 레몬 등

77

정답 ★

78 🍓 육식동물이다,
고양이과, 포유류다 등

79

80

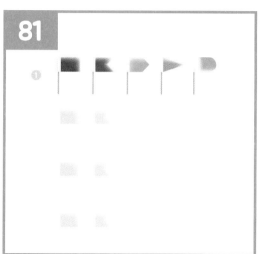

81

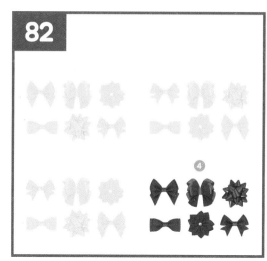

82

83

▼ 7 □ ♡ 3 ◆

84

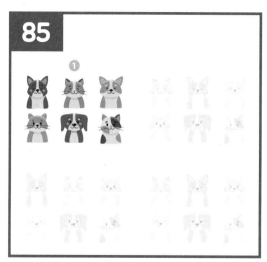

85

86

정답 ★

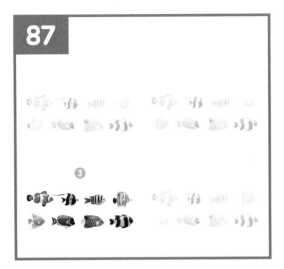

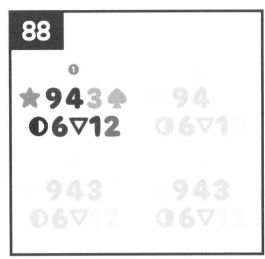

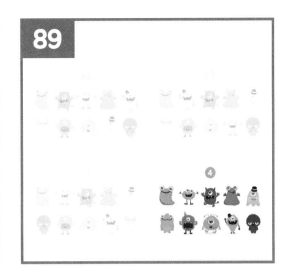

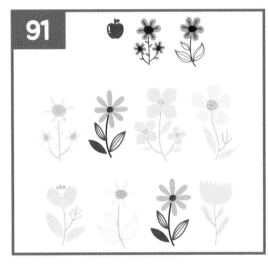

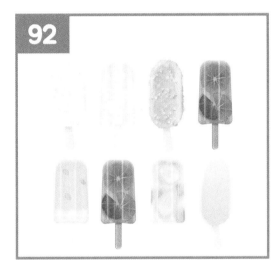

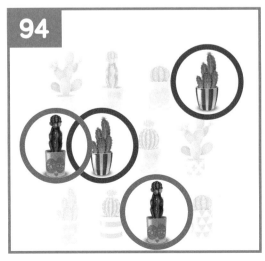

정답 ★

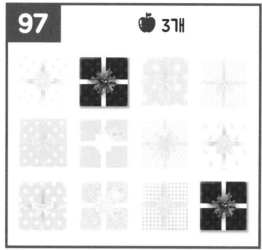

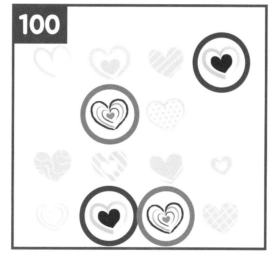

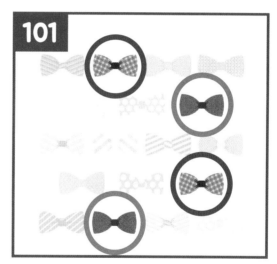

정답 ★

104

105

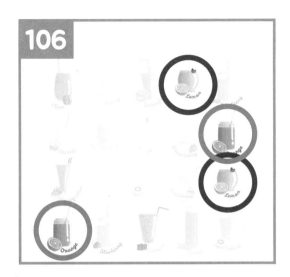

106

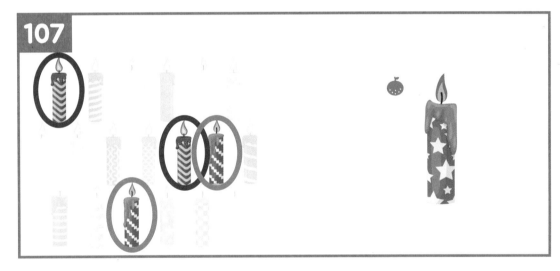

107

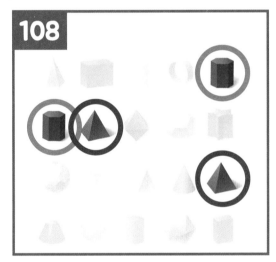

108

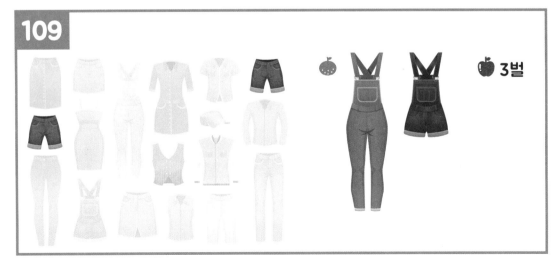

109

3벌

110

정답 ★

111 🍊 4명

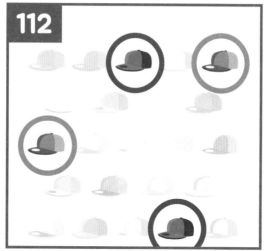

112

113 🍊 5개

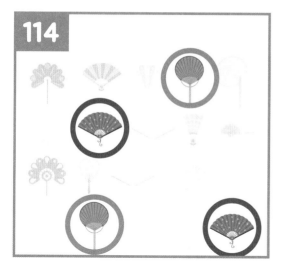

114

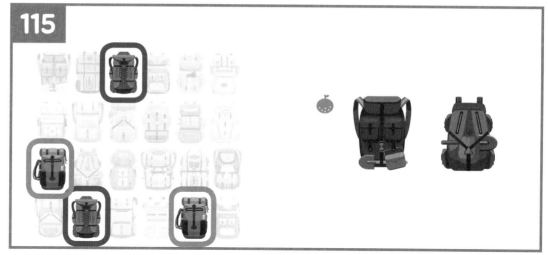

115 🍊

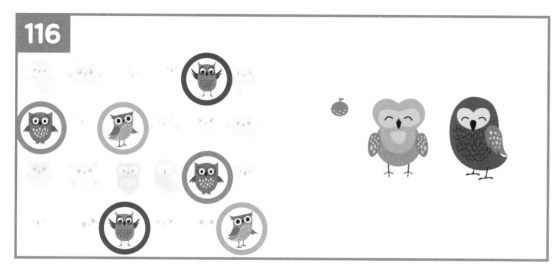

116 🍊

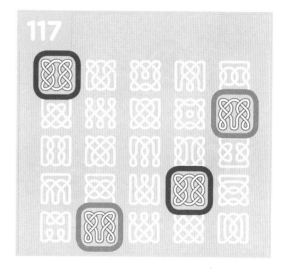

117

정답 ★

118 🍊 9개

119

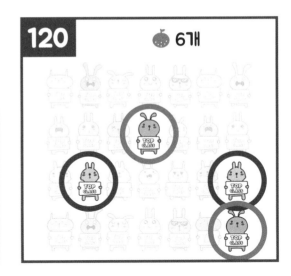

120 🍊 6개

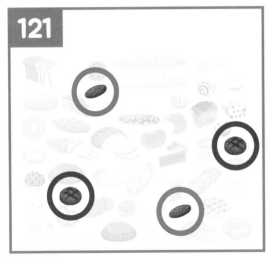

121

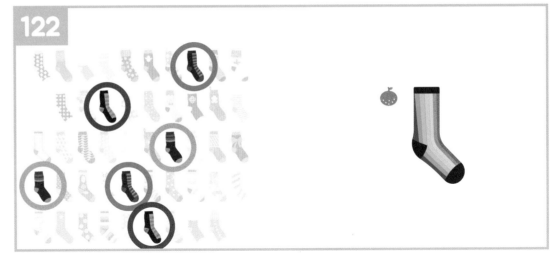

122

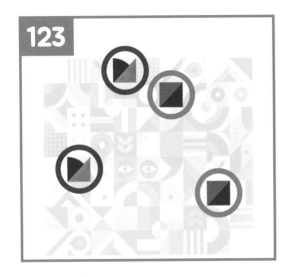

123

124

125

정답 ★

126

127

❸ 다섯 번째

128

129

130

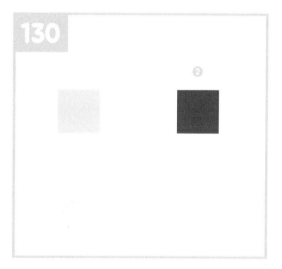

131

26일

132

133

❶ 2번지

4번지

134

5명

정답 ★

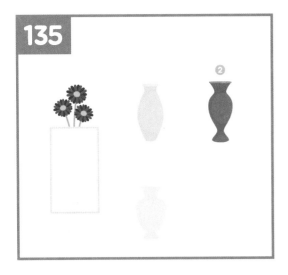

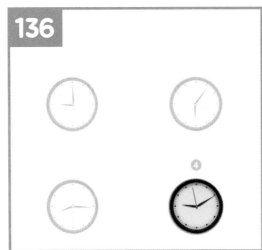

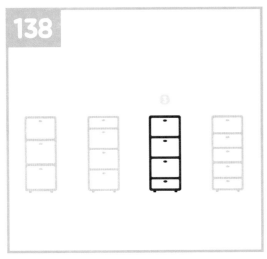

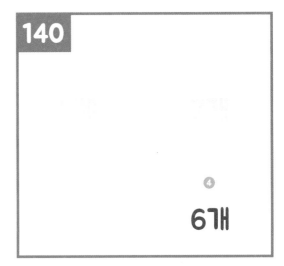

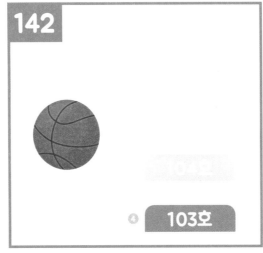

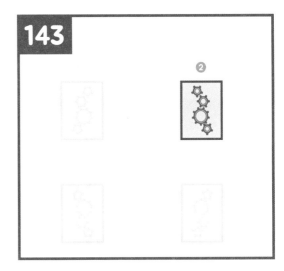

메모 ★

메모 ★